José Tolentino Mendonça

Vater unser auf Erden

José Tolentino Mendonça

Vater unser auf Erden

Das Gebet Jesu für Glaubende und Zweifler

Mit einem Vorwort von Enzo Bianchi

Aus dem Portugiesischen von
Irene Johna d'Aguiar

HERDER
FREIBURG · BASEL · WIEN

MIX
Papier aus verantwortungsvollen Quellen
FSC® C106847
www.fsc.org

Originaltitel:
Pai-Nosso que estais na Terra
O Pai-Nosso aberto a crentes e a não-crentes

Rua Francisco Salgado Zenha 11, 2685–332 Prior Velho, Portugal

www.paulinas.pt

Deutschsprachige Ausgabe:

www.herder.de

Bibelzitate: Die Heilige Schrift des Alten und Neuen Bundes
(»Herder-Übersetzung«)

Umschlaggestaltung: Agentur IDee
Umschlagmotiv: Rembrandt, Heimkehr des verlorenen Sohns
zum barmherzigen Vater (Archiv Herder)
Satz: Barbara Herrmann, Freiburg
Herstellung: fgb · freiburger graphische betriebe
www.fgb.de

Printed in Germany

ISBN 978-3-451-32474-1

Inhalt

Was Wasser ist,
lehrt uns der Durst.
Emily Dickinson

Geleitwort

Mit diesem Buch stellt sich José Tolentino Mendonça einer schwierigen und gewagten Herausforderung: nämlich der, sich mit den Worten des Vaterunsers, des christlichen Gebets schlechthin, das Tertullian ein »Kompendium des ganzen Evangeliums« nennt, an Glaubende und Nichtglaubende zu wenden. Im Vaterunser erkennt er ein Licht für das Menschliche an sich, eine Spur auf dem Weg des Menschen als Mensch, noch vor allem Glauben und allen Konfessionszugehörigkeiten.

Die Grundidee, die ein solches Vorhaben möglich macht, besteht darin, dass dieses Gebet derart dem Menschsein des Menschen Ausdruck verleiht, dass jeder Mensch sich im Vaterunser wiederfinden kann. In der Absicht, sich auch an Nichtglaubende zu richten, liegt keine Konzession an den Geist der Zeit, sondern die gereifte Überzeugung, dass Jesus der »Meister der Menschlichkeit« ist, das Menschliche der Spiegel des Göttlichen, der Mensch das

Abbild Gottes und dass sich alles Menschliche letztendlich auf Gott bezieht. Diese Offenheit dem anderen gegenüber – und auch dem gegenüber, der nicht glaubt, nicht glauben kann oder nicht weiß, wie er glauben soll – verleiht dem Blick des Autors einen Zug von Wesentlichkeit und Einfachheit, den er auch in seiner Sicht des Lebens und des christlichen Glaubens zur Geltung kommen lässt. Der Autor denkt über die universelle Dimension des Vaterunsers nach, und diese Universalität besteht darin, dass jeder Mensch Sohn oder Tochter ist, dass jeder Mensch sein Innenleben hat, dass jeder Mensch ein Wesen der Sehnsucht ist, dass jeder Mensch Brot und Vergebung braucht, dass jeder Mensch mit dem Bösen ringt, dass jeder Mensch diese Erde bewohnt, die aufgrund der Menschwerdung nicht mehr der Ort ist, der ihn von Gott trennt, sondern der einzige Ort einer möglichen Begegnung von Mensch und Gott.

Dieser Kommentar, der nicht die üblichen und sich oft wiederholenden Wege vieler exegetischer oder spiritueller Texte über das Vaterunser beschreitet, zeigt seine Originalität vor allem in der Sprache. Es ist eine Sprache von hoher literarischer Qualität, die auch die dichterische Berufung des Autors bezeugt. Und der schöne Satz von Emily Dickinson (»Was Wasser ist, lehrt uns der Durst«), der als Motto dient, weist den Leser bereits auf den Weg hin, der sich vor ihm auftut. Das Dichterwort, dieses Wort, das allein das Gewicht des Seins tragen kann, ist dasjenige, das am besten den schlichten und unerschöpflichen Worten des Vaterunsers als Echo dienen kann.

Darum die Zitate, vor allem die literarischen, denn Glaube ist Erzählung, und die Literatur, die Lehrmeisterin des Lebens, ist die Übermittlerin menschlicher Weisheit mittels einer Erzählung. Die Zitate, die nie schwerfällig oder Selbstzweck sind, sind ebenso aus der Philosophie wie aus der Psychoanalyse genommen, denn die Arbeit des Menschen, den Menschen zu begreifen, ist ein Teil des Jochs, das der Mensch unter der Sonne zu tragen hat, wie uns Kohelet erinnert. Aber der entscheidende und grundlegende Bezug ist das Wort der Bibel. Querverweise zu verschiedenen biblischen Texten werden zu einem Tanz, zu dem der Leser aufgefordert wird, von der Genesis zur Apokalypse, vom Lukas- zum Johannesevangelium, vom Matthäusevangelium zum Hebräerbrief. Die Vertrautheit des Exegeten mit der Bibel, der leidenschaftliche Glaube eines Liebhabers der Heiligen Schrift, der an die *lectio divina* gewöhnt ist, machen das Buch zu einer wahren Sinfonie, die das Wort Gottes harmonisch mit dem von Menschen gesprochenen Wort verbindet und dazu einlädt, aus dem menschlichen Leben ein poetisch gelebtes Leben zu machen – oder, wenn wir wollen, zu einem Tanz, der vom großen Tänzer des eschatologischen Tanzes, Jesus Christus, geführt wird. Im Kommentar zu der Bitte um das tägliche Brot eröffnet der Autor den Tanz mit dieser Einladung: »Wir nähren uns voneinander. Wir sind uns gegenseitig Nahrung, beim Zuhören und beim Sprechen, im Schweigen und beim Lachen, beim Geben und in der Liebe, denn unser Leben lebt vom Leben (und vom miteinander geteilten Leben).«

Neben der geistigen Weite des Buches, daneben, dass es ganz klar dem Geist des Zweiten Vatikanischen Konzils verpflichtet ist, und neben seiner Sympathie für alles Menschliche halte ich persönlich für das Wichtigste im Buch von Tolentino, dass es genau dahin zielt, wo ich heute die Aufgabe sehe, zu der die Kirche aufgerufen ist, nämlich bei der Wiedergewinnung einer Grammatik des Menschlichen zu helfen. Angesichts der zerbrochenen Strukturen im Gesellschaftlichen und Familiären, angesichts des Unmenschlichen, das in den Alltag eindringt, angesichts der Übermacht des Finanziellen gegenüber dem Erzieherischen ist die Kirche als Schülerin Christi, des »Lehrmeisters der Menschheit«, der gekommen ist, »um uns dazu anzuleiten, in dieser Welt zu leben« (vgl. Titus 2,12), dazu aufgerufen, gemeinsam mit allen Menschen, die guten Willens sind, teilzunehmen an der Wiedererrichtung des Sinns der Worte, der Gesten, der Beziehungen, die das Leben lebenswert und das Erleben des menschlichen Erfahrung schön machen. Sie spiegeln die Schönheit wider, die aus den Händen Gottes des Schöpfers kommt. Und so werden Vertrauen und Vergebung, Warten und Hoffnung, Brüderlichkeit und Sehnsucht, Schönheit und Durst sowie alle anderen menschlichen Realitäten, die im Vaterunser zur Sprache kommen, zum Ausdruck des Menschen, der das Wagnis eingeht, aus seinem Leben ein Meisterwerk der Heiligkeit zu machen, mit anderen Worten: der danach strebt, menschlich zu werden nach dem Vorbild der Menschlichkeit Gottes, wie sie von Jesus Christus verkündet und gelebt wird. Nach der patristischen Lehre von der Menschwerdung hat Gott in Christus die Erfahrung, ein Mensch zu sein, am eigenen Leib erlebt und so das Anderssein des Menschen in sich selbst geschehen lassen. Hippolyt von Rom schreibt: »Wir wissen, dass das Wort Mensch wurde aus demselben Lehm wie wir (Mensch, wie wir Menschen sind).« Jesus von Nazaret stellte Gott dar in den Grenzen eines Menschen, er gab Gott unsere menschlichen Sinne und eröffnete so die Möglichkeit, dass Gott die Erfahrung der Welt und des Andersseins des Menschen machte und dass die Welt und der Mensch die Erfahrung des Andersseins Gottes machten. Die Körperlichkeit ist der wesentliche Ort dieser Verkündigung, der das Menschsein von Jesu von Nazaret zum ersten Sakrament Gottes macht. Die Sprache Jesu, besonders sein Wort, auch seine Sinne, die Gefühle, die Gesten, die Weise, wie er Menschen grüßte und wie er sie anschaute, die liebevollen Worte und die prophetischen Reden, die geduldigen Belehrungen und harten Zurechtweisungen der Jünger, die Müdigkeit und die Kraft, die Schwäche und die Tränen, die Freude und der Überschwang, das Schweigen und das Zurückziehen in die Einsamkeit, seine Beziehungen und seine Begegnungen, seine Freiheit und seine freimütige Rede *(parrhesia)* sind alles Lichtstrahlen des Menschseins Jesu, die uns das Evangelium durch den enthüllenden, aber schmalen Spalt der Schrift erahnen lässt. Sie sind ein Widerschein, der es uns erlaubt, etwas vom göttlichen Licht zu sehen. Das Anderssein und die Transzendenz Gottes wurden von Jesus verkündet und in eine menschliche Sprache und Praxis in der Intimität des Alltagslebens umgesetzt: Gott ist der Abbá, der Vater, der Papa.

Es ist die Praxis des Menschseins Jesu, die von Gott erzählt und die dem Menschen einen Weg eröffnet, auf dem er ihn erreichen kann. »Niemand hat Gott jemals gesehen. Der Einzige, der Gott ist und an der Brust des Vaters ruht, er hat Kunde gebracht *(exegesato)*« (Johannes 1,18): Das Verb *exegeomai* hat nicht nur die Bedeutung von »erklären«, »Exegese betreiben«, »erzählen«, sondern auch von »auf etwas zeigen«, »(jemanden) zu etwas hinführen«. Aber auf diesem Weg zum Vater, auf dem wir dadurch Christen werden, dass wir menschlich werden, ist das Beten des Vaterunsers etwas ganz Zentrales. Mit ihm treten wir ein in eine Vater-Kind-Beziehung mit Gott und in eine Geschwisterlichkeit mit Jesus Christus und durch ihn mit jedem Menschen. Denn, wie unser Autor uns mit den Worten des heiligen Augustinus erinnert: »Jesus wollte, dass wir seinen Vater auch unseren Vater nennen«.

Enzo Bianchi
Prior des Klosters Bose

Ein kurzes Vorwort

Es gibt ein Lied von Jacques Prévert, in dem es heißt: »Unser Vater, der du bist im Himmel, bleib dort, und wir werden auf der Erde bleiben.«[1] Wo ist Gott? Wo sind wir? Zur Ironie wird manchmal unsere wenig überzeugende Art und Weise, dieses Niemandsland zu verbergen, zu dem das Leben gerät, zwischen Feuer und Asche, zwischen Schutzlosigkeit und Gegenwart, zwischen Aufschrei und Wehklagen. Aber manchmal geschieht es auch, dass eine Sackgasse uns nicht nur die Entfernung zu irgendetwas spüren lässt, sondern uns geheimnisvoll eine unerwartete Nähe enthüllt. Die Erde, diese Erde, die täglich von Krämpfen und sehnsüchtigem Verlangen heimgesucht wird, entfernt sie uns von Gott oder bringt sie uns Gott näher?

Der Schrei

»Wenn du betest ...«

Bewahre in deinem Herzen einen Platz
für den unerwarteten Gast.
Amiel

Der Frühling ist überall. Um uns herum scheint die Natur die Starre des Winters zu besiegen und verstreut überall die verführerischen Spuren ihres Wiedererblühens. Es gibt eine Kraft, die die Landschaft der Welt zum Leben erweckt. Selbst im Brachland, in verlassenen Höfen und Gärten, in den ärmlichsten Beeten bricht der Frühling mit hinreißender Energie aus. Gleichzeitig erscheint uns aber das Wiedererwachen der Welt unvergleichlich einfacher als unser eigenes. Was uns selbst angeht, fühlen wir uns wie begraben und kraftlos. Wir denken, dass bereits zu viel Zeit vergangen sei, dass wir uns an irgendeiner Stelle des Weges verirrt hätten und dass das jetzt vielleicht nie wiedergutzumachen sei. Wir lassen zu, dass wir in stillschweigendem Konformismus verharren, unzufrieden, hingehalten, bereit zum Aufgeben. Gewiss, die Stimme der Erneuerung lässt uns nicht gleichgültig – sie wird uns immer aufschrecken. Aber wir betrachten sie eher mit Nostalgie denn mit Hoffnung. Wir beobachten sie aus der Distanz und schützen uns mit allerlei Entschuldigungen. Wir verteidigen uns, so gut wir können, tun so, als ob wir nichts verstünden. In unserem tiefsten Inneren denken wir, dass der Frühling schon nichts mehr für uns sei. Doch in unserem Herzen lässt uns diese Frage, die das Evanglium für uns bereithält, nicht los, lässt uns keine Ruhe, bis wir es wagen, zu antworten: »Wie kann ein Mensch geboren werden, wenn er ein Greis ist?« (Johannes 3,4).

Wir gehen durch unser Haus wie Fremde

Ich denke an die Erzählung *Die Stille*[2] von Sophia de Mello Breyner Andresen. Die Geschichte beginnt mit einer Beschreibung jenes Friedens, der uns und die Dinge überkommt; jenes Friedens, den wir in bestimmten Augenblicken für selbstverständlich halten, weil er so offensichtlich ist; des Friedens, den wir als Gemütlichkeit, Gewohnheit, vorhersehbaren Zustand, als Routine empfinden. Nichts mehr in und um uns, nicht einmal das, was eine gewisse Mühe erfordert, bietet noch Überraschungen, alles scheint uns erledigt und abgehakt. Doch wir strengen uns an, wir fühlen, dass die Anstrengung uns Trost und Sicherheit gibt: »Ihre Hände waren rauh geworden, sie war schon lange auf den Beinen und müde, und ihr tat ein bisschen der Rücken weh. Doch sie fühlte in sich eine große Reinheit, als hätte sie statt des Geschirrs ihre Seele gewaschen. Das nackte Licht der Küchenlampe ließ die weißen Kacheln glänzen. Draußen in der milden Sommernacht wiegte sich sanft eine Zypresse. … Und Joana ging langsam durch ihr Haus … Eine sanfte Stille schwebte in der Luft wie ein ausgedehntes Dürsten … Joana berührte die weiße Wand und atmete leicht. Hier war ihr Reich …«

Wir können den Rahmen des Lebens, in dem wir uns bewegen, mit seinen festen Umrissen, seinem Rhythmus, seinen abgesteckten Gebieten, als uneinnehmbares Reich sehen, als unser Reich. Wir fühlen uns in Sicherheit. Für lange Zeit ist die Sicht, die wir von unserem Leben haben, die eines leicht begehbaren Geländes, ohne Zwischenfälle, ohne großes Hinterfragen oder Überprüfen, so groß ist unsere Identifikation mit dieser Sicht der Dinge und unser Verhaftetsein daran. Aber früher oder später kommt uns die Erkenntnis, dass das nicht alles ist, sondern nur ein Bruchteil des Ganzen.

De Mello Breyners Erzählung geht so weiter: Gerade in dem Moment, in dem ihr alles ruhig scheint, hört man einen Schrei, von dem sie nicht weiß, woher er kommt. Zuerst denkt sie, es ist etwas auf der Straße passiert, auf der ihrem Haus gegenüberliegenden Seite. Und tatsächlich meint sie, dort eine Frauenstimme ausmachen zu können, »eine nackte, verlorene, einsame Stimme«, eine eingesperrte Stimme, die sich nun Gehör verschaffte, eine alte Stimme, die man nicht kannte, verzögert durch Jahre der Stille. Was konnte das wohl sein? Sie konnte es sich nicht erklären. Aber auf einmal wird alles viel komplizierter. Sie fühlt, wie sie den Halt verliert, in ihren Grenzen verletzt wird durch diesen Schrei, als würde er sich ihr ins Fleisch bohren, als käme er letztendlich aus ihr selbst, als käme er letztendlich von ganz weit weg in ihrem Leben, und sie wäre nicht mehr dieselbe. Sie blickt um sich, und »alles war zu absurdem Zufall geworden, ohne Zusammenhang, ohne Ordnung. Es waren nicht mehr ihre Sachen, sie waren nicht mehr sie, und sie waren auch nicht mehr bei ihr. Alles war fremd geworden …« Und zum ersten Mal, in einer Mischung aus Schmerz und Verwunderung, »ging sie als Fremde durch ihr Haus«.

Vom rechten Gebrauch von Krisen

Heute, da der Ausdruck Krise durch häufige Verwendung banal geworden ist, wäre es vielleicht gewagt, ihn weiterhin zur Beschreibung dessen zu benutzen, wie der innere und spirituelle Weg sich bildet, dieser langsamen und widersprüchlichen

Reifung, die immer die unsrige ist. Alles in allem – in einer Zeit, in der die großen Meister rar geworden sind und wir uns einem unachtsamen Selbst-Management überlassen sehen (wenn nicht sogar einer uns verschlingenden Isolierung), sind solche Erfahrungen »wirklich große Meister, die uns etwas lehren können«. Wie ein Fremder durch das eigene Leben zu gehen, ist nicht unbedingt schlecht: Es erlaubt uns eine neue Sicht der Dinge, erlaubt uns, nicht nur das vordergründige Leben auszuloten, sondern die Unzufriedenheit, das Dürsten nach Wahrheit, und daraufhin zum Pilger zu werden. Nicht bis zum Ende in uns hineinzulauschen heißt, eine wertvolle Gelegenheit zu vertun, zu jener Tiefe zu gelangen, die unserem Dasein wieder einen Sinn geben kann – selbst wenn wir wissen, dass solche Erfahrungen harte Lehrmeister sind, denen wir uns selten gewachsen fühlen … Vielleicht müssen wir entdecken, dass sich im Laufe unseres Weges große Zyklen des Fragens, eine Intensivierung der Suche, ein Steckenbleiben in Sackgassen, Krisenerfahrungen einstellen, damit Schlimmeres vermieden wird. Und was ist das Schlimmere? Jesus von Nazaret erklärt es so: Das Schlimmere ist, geschaut zu haben, ohne zu sehen, gehört zu haben, ohne zu lauschen, etwas irgendwie gehabt zu haben, ohne es wirklich aufgenommen zu haben. Das Schlimmere ist, sich in der »vertanen Gelegenheit« wiederzuerkennen, die das Evangelium beklagt (obgleich die vorherrschende Kultur alles tut, um sie für uns schmerzfrei und normal zu gestalten): »Wir haben euch mit Flöten aufgespielt und ihr habt nicht getanzt; wir haben Klagelieder gesungen und ihr habt nicht geweint« (Lukas 7,32).

Es sind nicht die Entbehrungen, die Widrigkeiten und Kämpfe, die uns den leidenschaftlichen Geschmack des Lebens rauben können. Wir müssen die Perspektive erweitern oder verlagern. Ich erinnere an die Zeilen von Etty Hillesum, die sie im Konzentrationslager schrieb:

> Mein Gott, diese Zeiten sind zu hart für so zerbrechliche Menschen wie mich. Ich weiß, dass danach wieder andere, humanere Zeiten kommen werden. Ich möchte so gern am Leben bleiben, um all die Menschlichkeit, die ich trotz allem, was ich täglich mitmache, in mir bewahre, in diese neue Zeiten hinüberzuretten. Es ist die einzige Möglichkeit, die neue Zeit vorzubereiten, indem wir sie schon jetzt in uns vorbereiten. Irgendwie fühle ich mich innerlich ganz leicht, ohne jede Erbitterung, ich spüre so viel Kraft und Liebe in mir. Ich würde gern am Leben bleiben, um die neue Zeit vorbereiten zu helfen und das

Unzerstörbare in mir für die neue Zeit aufzubewahren, die sicherlich kommen wird. Sie kommt ja täglich näher, ich spüre es doch.[3]

Eine Initiation ins spirituelle Leben

Einer der rätselhaftesten und gleichzeitig erhellendsten Sätze des Evangeliums stammt von Johannes dem Täufer, als er Jesus vorübergehen sieht. Der Täufer spricht seine Jünger an und bezeugt: »Mitten unter euch steht der, den ihr nicht kennt« (Johannes 1,26). Ich glaube, diesen Satz kann man folgendermaßen neu fassen: Mitten in uns selbst, inmitten unserer geheimnisvollen Beziehung mit Gott, mit der Welt und mit den anderen, im Kern unserer Lebensführung, sei sie ungestört oder eher turbulent, steht das, was wir nicht kennen. Möglicherweise gibt es in diesem Kern der tieferen, einsameren und persönlicheren Wahrheit eine Gegenwart, einen Schatz, eine Quelle, die noch entdeckt werden will, eine Beziehungsarbeit, spirituell und fürs Leben, die man noch in Angriff nehmen muss … Die Schriftstellerin Christiane Singer berichtet von einer kuriosen Erklärung, die ein mit ihr befreundeter Anthropologe von einem australischen Ureinwohner gehört hatte: »Nein, mein Herr, wir haben keine Krisen, wir haben Initiationen.« Die Dimension der Initiation ist in der christlichen Liturgie und in den christlichen Sakramenten von grundlegender Bedeutung. Aber für die Aktivierung dieses lebenswichtigen Zieles im Alltag müssen Hürden bewältigt werden. Es fehlt uns die Dimension der Initiation im täglichen Leben, im Auf und Ab unseres menschlichen Miteinanders mit seinen lichten Momenten und mit seinen Niederlagen. Unsere Tage sind nicht nur ein berauschender wilder Ritt. Wir brauchen einen Leitfaden, wir brauchen Wege zum Sinn.

Die Weisheit, nichts zu erwarten

Es gibt eine Geschichte, in der ein Schüler zu seinem Meister geht, um seine erste Lektion zu erhalten. Da es ihre erste Begegnung ist, lädt der Meister den Schüler höflich zu einer Tasse Tee ein. Der Schüler hebt die Tasse, um sich vom Meister aus der Kanne einschenken zu lassen. Aber der Meister gießt und gießt, die Tasse fließt über, und der Meister gießt immer noch weiter … Der arme Schüler fasst sich schließlich ein Herz und ruft: »Meister, Meister, die Tasse läuft über!« Worauf der Meister antwortet: »Das ist die erste Lektion. Wenn nicht genug Tasse da ist, ist alles, was dir gegeben wird, verschwendet.«

Unsere spirituelle Erfahrung soll nicht zu einem Vollstopfen mit Dingen, Ideen und Programmen werden … Wir sollen es nicht so eilig haben, die Tasse zu füllen. Leer ist sie kostbarer. Grundlegend ist es, einfach wieder zu *sein*. Es gibt keine Rezepte für die Erfahrung Gottes. Jede Begegnung ist einmalig. Wichtig ist es, dass wir uns wahrhaft dieser Liebesgeschichte, die der Herr mit uns erleben will, verpflichtet fühlen. Er kann Verbrauchtes erneuern, Verlorenes wiederfinden, die erlöschende Flamme entzünden … Der Herr kann geduldig den Bundesschluss erneuern.

Eine der fruchtbarsten Arten und Weisen, den inneren Weg zu betrachten, liegt in dem Rat, den manche Mönche geben: »Suche dir einen Platz mitten im Wald und ziehe dich dorthin jeden Tag zurück. Bete nur dies: ›Herr, ich erwarte nichts‹, ›Herr, ich erwarte nichts‹.«

Eine Kunst des Zuhörens

Es kommt ein Zeitpunkt, an dem wir merken, dass wir zu akzeptieren beginnen, dass das Leben ebenso wie die Erde geologische Schichten hat, dass es sich zeitweilig entfaltet in einer Weise, die an der Oberfläche nicht sichtbar ist, und dass es in jedem Dasein eine Erdkruste und viele, viele Meter

Gesteinsadern gibt, die im Stillen verborgen sind. Im Gegensatz zu den schnellen und oberflächlichen Urteilen, denen wir alle zum Opfer fallen, muss man feststellen, dass die Instrumente, die uns zur Verfügung stehen, um gegenseitig unsere Herzen zu erreichen, um unser eigenes Herz zu erreichen, in beunruhigender Weise beschränkt sind. Das Hören ist vielleicht der beste unserer Prüf-Sinne, um die ganze Komplexität eines Lebens aufzunehmen. Doch hören wir einander so wenig zu. In der Regel des heiligen Benedikt gibt es einen Ausdruck für das wirkliche Hören: »Öffne die Ohren deines Herzens.« Das bedeutet: Man hört nicht nur mit dem äußeren Ohr, das Hören ist nicht nur das Empfangen einer gesprochenen Rede. Vor allem ist es die Einstellung, das Geneigtsein, die geschenkte Aufmerksamkeit, die Bereitschaft aufzunehmen. Zuhören und gehört werden, im tiefsten Grunde und bis zum letzten Ende, öffnet uns im Heiligen Geist weitere Horizonte als jene, die wir jemals allein überblicken könnten, und bringt uns auf den Weg der Hoffnung.

Einer der eindrucksvollsten Texte über die unabdingbare Notwendigkeit des Zuhörens ist die Erzählung *Gram* von Anton Tschechow. Es ist die Geschichte des Droschkenkutschers Iona, dessen Sohn gestorben ist und der unter den Menschen niemanden findet, der ihm beisteht. »Man müsste erzählen, wie der Sohn erkrankt ist, wie er sich gequält hat, welches seine letzten Worte vor dem Tod waren und wie er gestorben ist … Man müsste die Beerdigung schildern und die Fahrt nach dem Krankenhaus, wo er die Kleidung des Verstorbenen abholte. Im Dorf ist ihm das Töchterchen Anisa geblieben … Auch von ihr müsste man sprechen …« Doch niemand hört ihm zu. Der Kutscher wendet sich nun seinem Pferd zu, und als er ihm Hafer gibt, beginnt er, ihm in einem schmerzlichen Monolog alles zu erzählen, was er erlebt hat. Und die letzten Worte der Erzählung lauten: »Das Pferdchen kaut, hört zu und schnauft seinem Herrn auf die Hände … Iona kommt ins Reden und erzählt ihm alles …«[4]

Und wir, wem erzählen wir von uns?

Ist Gott in Paris?

»… so sollt ihr beten«

Ich weiß nicht, wer uns das Beten gelehrt hat und wie wir heute mit dem Gebet umgehen. Wahrscheinlich beten wir alle anders. Für manche von uns verbindet es sich mit den ersten Kindheitserinnerungen. Wir haben das Beten gelernt, eingebettet in diese Welt der frühen Jahre, wo sich alles um die zentralen Gestalten der Eltern oder einer Großmutter drehte, mit ihren Ritualen, ihren Gerüchen, einem sanften Bild von Gesprächen ohne Anfang und Ende … Andere sind vielleicht von allein zum Gebet gekommen, schon weiter im Leben fortgeschritten, ein bisschen gegen den Strom schwimmend, vielleicht sogar mit familiären Traditionen brechend. Wir beten, seit wir uns selbst kennen, oder wir haben erst vor Kurzem damit begonnen. Das Gebet gibt unserem Tagesablauf einen Rhythmus, so wie eine gleichmäßig atmende und lebendige Welle. Oder aber wir haben keinen großen Kontakt zum Gebet, noch verstehen wir so recht seine Notwendigkeit, außer in einigen isolierten Situationen, und seine Tragweite können wir nur vage erahnen.

Der Dichter Rainer Maria Rilke hilft uns bei der Suche nach einem Sinn. Er schreibt: »Die Dinge sind alle nicht so fassbar und sagbar, als man uns meistens glauben machen möchte; die meisten Ereignisse sind unsagbar, vollziehen sich in einem Raume, den nie ein Wort betreten hat.«[5] Die Biografie unseres Gebets ist genau so. Sie bewahrt sich etwas Unsagbares. Selbst dann, wenn sie ausdrücklich ausgesprochen worden ist, gibt es noch einen geheimen Seitengang, eine offen gebliebene Geschichte. Wer betet, versteht besser als irgendjemand anderes die Zweifel, die Schwierigkeiten, die Schlaglöcher, die es auf dem Wege des Gebets geben kann; denn dies ist ein Weg des Lernens, der niemals endet.

Wir beten, denn wir sind ein Gebet

Der Schlüsselbegriff lautet »Beziehung«. Um die Natur des Gebetes zu begreifen, müssen wir, noch bevor wir das spezifische Erbe des religiösen Rahmens erforschen, uns erst der anthropologischen Struktur nähern, auf der wir alle fußen. Das ist das Geheimnis: Wir sind ein Gebet. In unserem tiefsten Inneren, an unseren Wurzeln, dort, wo in uns Sein und Sprache wohnen, gibt es eine Grunderfahrung, die uns absolut von der Einsamkeit oder der Selbstgenügsamkeit fernhält: Niemand von uns ist der Ursprung seiner selbst (oder, wie es in der Scholastik heißt: Der Mensch ist kein *ens causa sui*). Wir sind nicht das Werk unserer selbst, nicht zu Beginn, nicht jetzt und nicht in der Zukunft. Wir haben unseren Ursprung in einem Horizont und in Umständen, die über uns hinausgehen. Zwar haben wir immer die Möglichkeit, das auf unsere eigene Weise zu gestalten, was wir vom anderen erhalten, doch unser Innenleben, unser tiefstes Innerstes, unser Lebensweg richtet sich immer nach einer kreativen und notwendigen Begegnung des »Ich« mit dem »Du« aus.

Denken wir zum Beispiel an die Sprache. Heutzutage gibt es zwei praktisch als Allgemeingut anerkannte Theorien zur Entstehung der Sprache: die eine können wir als »kommunikativ« bezeichnen (dabei wird der Standpunkt vertreten, dass wir sprechen, um die Gedanken vom einen Kopf zum anderen zu übermitteln), die andere als »kognitiv« (hier lautet die These, dass wir sprechen, um unsere eigenen Gedanken organischer zu strukturieren). Beide Auffassungen betrachten die Sprache als geistige Wirklichkeit, das heißt als eine Tatsache, die mehr mit dem Denken als mit dem Körper zu tun hat, eher mit Denkvorgängen als mit einem Austausch von Gefühlen. Aber es gibt einen Essay der Anthropologin Dean Falk mit dem Titel *Wie die Menschheit zur Sprache fand. Mütter, Kinder und der Ursprung des Sprechens*, in dem die Autorin die Meinung vertritt, dass ganz im Gegenteil jeder von uns Sprachlaute eigentlich nicht dazu zu benutzen beginnt, um zu kommunizieren oder zu denken, sondern um mit denen, die sich um uns kümmern, in Kontakt zu bleiben. Die Worte sind die Verbalisierung unseres Wunsches nach dem Mitmenschen. Im Grunde sprechen wir, um den anderen uns näherzubringen oder bei uns zu behalten, um seine Abwesenheit hinauszuzögern oder zu verleugnen, um zu sagen, wie viel er uns bedeutet. Daher ist die menschliche Sprache eine erstaunliche Konsequenz des Bindungsbedürfnisses. Und was ist das Gebet, wenn nicht genau das: *das unvollendete und zerbrechliche Konstrukt, das das Leben aus der Beziehung macht?* Im Gebet ist Gott nicht mehr in der dritten Person präsent, sondern in der zweiten: Er ist kein »Er« mehr, sondern tritt vor uns als ein »Du«. Er wird konkrete Möglichkeit, gewinnt Nähe, bekommt ein Gesicht. Das Gebet ist eine »Muttersprache«.

Die Originalität Jesu von Nazaret

Zur Zeit Jesu bestanden verschiedene Richtungen des Judentums nebeneinander. Wir hören zum Beispiel von den Pharisäern, den Sadduzäern, den

Essenern, der Gruppe um Johannes den Täufer ... Die Identität jeder dieser Richtungen fand ihren Ausdruck im Gebet. Dieses verband die Mitglieder jeder Gruppe spirituell und gesellschaftlich und diente so dazu, die jeweiligen Zugehörigkeiten zu kennzeichnen und Nähe und Distanz zum Ausdruck zu bringen. Sogar Gebete, die ihnen allen gemeinsam waren, konnten unterschiedlichen Formen und Intensitäten Raum geben. Auch das Evangelium berichtet, dass eines Tages, als Jesus gerade gebetet hatte, einer seiner Jünger zu ihm trat und sagte: »Herr, lehre uns beten, wie auch Johannes seine Jünger gelehrt hat« (Lukas 11,1).

Wir wissen nicht, wie es wäre, Jesus beten zu sehen! ... Was die Jünger beobachten konnten, muss eine außergewöhnliche Darstellung der Nähe und des Vertrauens gewesen sein ... und sie baten verständlicherweise darum, in diese Erfahrung eingeführt zu werden. Dies geschah aber erst, als der Weg der Jüngerschaft schon ganz deutlich etwas Zentrales geworden war, anders als alles, was sie bis dahin gekannt hatten. Jesus brachte sie an eine noch nie da gewesene Schwelle, und es musste ein Gebet geben, das dies ausdrücken konnte. Hinter diesem kurzen Wunsch: »Herr, lehre uns beten« verbirgt sich also eine lange Phase des Wachsens und des Entdeckens.

Es ist eigentlich kein neuer Wunsch, den die Jünger äußern. Die Neuheit liegt, genau genommen, bei Jesus. »So sollt ihr beten: Unser Vater im Himmel, geheiligt werde dein Name, dein Reich komme, dein Wille geschehe wie im Himmel, so auch auf Erden. Das Brot, das wir brauchen, gib uns heute, und erlass uns unsere Schulden, wie auch wir sie unsern Schuldnern erlassen haben. Und führe uns nicht in Versuchung, sondern errette uns vor dem Bösen« (Matthäus 6,9–13). In der Kürze dieses Gebets, so schreibt bereits Tertullian im Übergang vom 2. zum 3. Jahrhundert, »liegt ein großer und erhellender Sinn, und je mehr es sich in Worten einschränkt, desto mehr breitet es sich im Herzen aus«.[6]

Was macht einen Vater aus?

Um das Gebet des Vaterunsers zu verstehen (und ich wage sogar zu sagen: um alle christlichen Gebete zu verstehen), muss man die Bedeutung dieses »Vaters« klären, an den wir uns wenden. Was ist ein Vater? Mein Vater ist in mir und außerhalb von mir. Er ist ein Mensch aus Fleisch und Blut, mit einer eigenen Geschichte, einem eigenen Stil und Temperament, mit dem ich mich über verschiedene grundlegende Dinge ausgetauscht habe … Aber unser Vater ist auch im Inneren eines jeden von uns. Das nennt man »Imago«: eine Art unbewusst entstandenes Bild, das uns ein Modell vorgibt, nach dem wir unsere innere Architektur aufbauen können. Tatsächlich haben wir alle unseren inneren Vater und nicht nur den äußeren gebraucht, damit wir wachsen und das unerlässliche Grundvertrauen gewinnen konnten. Wir haben ihn verinnerlicht. Dann haben wir uns in ihn projiziert, wollten ihn nachahmen, sein wie er, sein Niveau erreichen, was uns unerreichbar erschien, seine Kraft und seine Fähigkeiten haben, welche uns absolut und schützend erschienen.

Die Grammatik des Lebens in seiner jeweiligen Besonderheit verlangt von uns irgendeine Form der Verkörperung von Mutter oder Vater. Deren Gestalt steht nicht nur vor unseren Augen, sondern gewinnt in uns selbst Leben. Diese »Schwangerschaft« erlaubt es dem Kind, sich geistig zu strukturieren und in der Kunst des Lebens, im Vertrauen, voranzuschreiten. In einem seiner Bücher erzählt der Psychoanalytiker João dos Santos eine interessante Geschichte. Die Kinder des »Strandhauses«, einer von ihm gegründeten Einrichtung, wurden zu einem Spiel aufgefordert, bei dem es darum ging, eine Burg zu stürmen. Die Erzieherinnen hatten alles geplant, und die Klasse sollte die Festung am helllichten Tag erstürmen, mit Schwertern und Helmen aus Pappe. So oder so ähnlich haben wir alle schon oft gespielt. Aber in dem Moment, in dem der Kampf beginnen sollte, weigert sich ein Vierjähriger mitzuspielen. Als man ihn bedrängt, er solle sich doch getrauen, fängt er an zu weinen und sagt: »Ich habe Angst, ich bin nicht stark, ich kann nicht kämpfen, mein Vater ist in Paris.« Die Väter der anderen Kinder waren auch nicht beim Spiel dabei, also war der Aufenthaltsort dieses einen Vaters eigentlich gleichgültig. Was der Junge aber meinte, hatte eine ganz andere Dimension. In Wahrheit setzte er sich mit Folgendem auseinander: »Ich habe meinen Vater als Bild noch nicht genug in mir gefestigt, als dass ich kämpfen könnte, ohne ihn an meiner Seite zu haben. Mein Vater ist weit weg, und daher bin ich angreifbarer als die anderen, ich fühle mich nicht in der Lage, mich Risiken auszusetzen … Seine Gegenwart und Ausstrahlung müssten erst in mir gefestigt sein.« Erinnern Sie sich, wie Sie sich als Kind geniert haben, Fremde auch nur anzusehen? Ohne Mutter oder Vater gingen Sie keinen Schritt, ohne ihre Hand zu halten, Sie nährten sich von ihrer Nähe. Es ist ein bisschen widersinnig, aber so ist es: Wir gewinnen erst Unabhängigkeit von den Eltern, wenn sie sich sicher in uns gefestigt haben. Das hat dem Vierjährigen aus der Geschichte eben noch gefehlt. Die Abwesenheit des Vaters in ihm hat ihn quasi gelähmt.

Wollen wir einen Mann oder eine Frau kennenlernen, müssen wir den suchen, an dem sich sein oder ihr Leben heimlich ausrichtet, den, zu dem er oder sie vor allem spricht, obwohl er oder sie sich nach außen hin an andere zu richten scheint. Alles hängt davon ab, wen er oder sie für sich als Vater gewählt hat. Alles hängt davon ab, mit wem man im Stillen spricht, für wessen Anerkennung man Fakten und Beweise gesammelt hat, für wessen Liebe man aus seinem Leben das gemacht hat, was es ist. Für die meisten hat es nie einen anderen Ansprechpartner gegeben als den Vater oder die Mutter – souveräne Gestalten allein durch ihre Gegenwart oder Abwesenheit, die das Leben in Freiheit entlassen oder es zerstört haben mit dem vollen Gewicht dessen, was sie nicht sein oder geben konnten. »Schau, was ich tue! – Ich tue das für dich, damit ich von dir geliebt werde, damit du mich endlich anschaust, damit du mir offen in die Augen siehst und mir die Sicherheit, die Gewissheit gibst, dass ich eine Daseinsberechtigung habe.«

Viele von uns sind einem Schatten untertan, gefangen im Garten des Vaters, im Zimmer der Mutter, und flehen bis zu ihrem Lebensende einen Abwesenden an. Und der heimliche Grund, weshalb wir damit fortfahren, ist – obwohl wir nach außen hin ganz entschieden und frei auftreten – immer noch eine Konfrontation, ein Begleichen einer Rechnung oder ein unbezwingbarer Wunsch zu gefallen. Wie viele, vor allem in extremeren Fällen, begehen ungerechtfertigte Grausamkeiten, weil sie sich im Grunde von Vater und Mutter nicht genug geliebt fühlten? Gewalt ist ein Aufschrei. Man muss sie wie ein bizarres Flehen um Liebe begreifen: »Liebt mich, löst meine Vergangenheit aus!« Aber auch in unserem gewöhnlichen und friedlich(er)en Leben ist es nicht selten, dass das noch immer ein heimlicher wunder Punkt ist.

Das Thema des Vaters als inneres Modell ist, um es kurz zu sagen, das Thema der Beständigkeit unseres Innenlebens. Denn wir beschaffen uns ständig irgendwelche »Väter«. Wir haben verschiedene Formen, uns vor seiner Abwesenheit zu schützen, und sie sind weithin symptomatisch. Wenn wir zum Beispiel weit von unserer gewohnten Umgebung entfernt sind, uns nicht mehr zu Hause fühlen, betrachten wir eine Menschenmenge aus lauter Fremden, und auf einmal scheint es uns, dass wir jemanden erkennen. Es taucht jemand auf, der uns äußerlich an einen Verwandten erinnert, an einen entfernten Cousin, einen Freund, an den Nachbarn. Natürlich gibt es tatsächlich eine gewisse Ähnlichkeit, aber sie fällt uns dann auf (oder wir konstruieren sie dann eher), wenn wir sie brauchen, wenn die Umstände uns verunsichern und wir gefühlsmäßig feste Koordinaten brauchen. Wir brauchen diese Ähnlichkeiten, um einen gewissen Grad an Beruhigung zu empfinden. Tatsächlich sind wir ständig auf der Suche nach jemandem. Wir sind ständig auf der Suche nach einem »Vater«.

Manche Menschen halten sich für unabhängig vom »inneren Vater«, sind es letztendlich aber doch nicht. Wir alle kennen Leute, die allein und ohne jede Bedenken zum Nordpol oder nach Kotschinchina reisen, doch dann unfähig sind, sich auch nur eine Sekunde lang ihrem Innenleben zu stellen. Die inneren Themen haben sich nicht gesetzt. Es durchzieht sie eine Unzufriedenheit, die sich manchmal in einer außergewöhnlichen Konsumneigung, Kauflust, Unruhe, Geschwätzigkeit oder einer Fülle von sich überschneidenden Verpflichtungen äußert … Der Konsumrausch (bezogen auf Güter, Erfahrungen oder Gefühle) kann gut und gerne das Bedürfnis nach einem »Vater« sein. Die tiefer liegende Ursache ist das Unvermögen, das zu verwirklichen, was Jesus empfiehlt: »Du aber, wenn du betest, geh in deine Kammer und schließe deine Tür zu und bete zu deinem Vater, der im Verborgenen ist« (Matthäus 6,6).

Manchmal müssen wir mit Bedauern feststellen, dass sogar Wallfahrtsorte sich rasch auf groteske Weise in Inseln verwandeln, die von einem Meer des alles verschlingenden Kommerzes angefressen werden. Nehmen wir doch nur Fátima, Lourdes oder Jerusalem als Beispiele. Es ist viel einfacher, sich mit einem oberflächlichen Gefühl zufriedenzugeben und dann die Leere zu füllen, die Unstimmigkeit zu vertuschen, die Tatsache zu verbergen, dass man Gott nicht wirklich als Vater gefunden hat. Der Konsumrausch wird von der Angst vor der Leere genährt – warum? Wir schlagen uns alle mit dem »Vater« herum, suchen einen »Vater« – dies muss uns bewusst sein. Sind wir nicht bescheiden und nicht ehrlich genug, bewusst einen Weg zu gehen, werden sich vielfache trügerische Alternativen auftun.

Auf dem spirituellen Weg von Franz von Assisi war einer der zentralen Momente derjenige, als er, um seine Berufung gegen die Widerstände der Familie zu bestätigen, vor seinem Vater die Kleider auszog (die Kleider, die dem Vater gehörten, die Kleider, die der Vater waren). Mit dieser Geste »legte« Franziskus diesen Vater und dessen Unnachgiebigkeit »ab«. Indem er die Kleider ablegt, sagt er, auch ohne Worte: »Ich will, ich brauche einen anderen ›Vater‹; ich will nicht nur vom Vater meiner Kindheit abhängen; ich respektiere meinen Vater, aber ich muss mich zu Gott bekehren.« Tatsächlich ist die Begegnung mit Gott als Vater nicht möglich, ohne unsere Nacktheit konkret werden zu lassen (und zu akzeptieren), ohne die Vorbilder abzulegen, die wir im Laufe der Zeit angesammelt haben, damit Gott schließlich der innere Quell werden kann, der das Leben nährt und erhält.

Es kommt ein Moment, da wird klar, dass wir, damit wir das Vaterunser beten können, Gott nicht nur sporadisch aufnehmen können, sondern als inneres Modell annehmen müssen, als ständige Präsenz, mit der wir in kontinuierlichem Zwiegespräch stehen. »Gottes Abbild« zu werden heißt, in Gott unser inneres Gerüst zu haben, unsere Wurzel, unser unerschütterliches Fundament. Wie oft sagen wir doch wie der Vierjährige: »Ich kann nicht, ich weiß nicht, ich schaffe das nicht, Gott ist in Paris!«

Das Vaterunser ernst nehmen

Simone Weil schreibt, man könne sich kein Gebet vorstellen, das nicht schon im Vaterunser enthalten sei: Dieses sei »als Gebet, was Christus als Mensch ist«. Und weiter: »Es ist unmöglich, es einmal zu sprechen und dabei auf jedes Wort die Fülle der Aufmerksamkeit zu richten, ohne dass in der Seele eine vielleicht unendlich kleine, aber wirkliche Veränderung bewirkt wird.«[7] Wir begreifen das Vaterunser nur, wenn wir uns von ihm ergriffen fühlen, verändert, aufgewühlt, wiedergeboren durch ihn; wenn wir existenziell verstehen, dass sich die Welt mit Jesus völlig verändert hat. Man muss von einer äußerlichen Spiritualität, die zu abhängig ist von gesellschaftlichen Gepflogenheiten, zu einer mehr inneren Spiritualität gelangen, die uns entdecken lässt, dass Gott Vater ist, mein Vater, »unser Vater«.

Wann lehrt Jesus die Jünger das Vaterunser? Als sie dazu fähig sind, Jesus als etwas absolut Neues zu verstehen. Das Gebet ist eher eine Konsequenz als eine Ursache. Es ist eher der Ausdruck des Erlebten als nur eine Entdeckung. Das Vaterunser erwächst aus dem Zurücklegen eines Weges. Wenn wir eine Stufe des Reifens erreicht haben, wird uns das Vaterunser enthüllt. Auch wir werden wahrhaftig das Vaterunser beten, wenn wir verstehen – und zwar nicht nur in den sichtbaren geschichtlichen Ereignissen, sondern in unserem tiefsten Inneren – dass Jesus Christus die Neuheit Gottes mit sich bringt. Vielleicht müssen wir dazu, wie Fernando Pessoa empfahl, »lernen zu verlernen«. Die Labyrinthe verlernen, die Verflechtungen, die Modelle, die uns ersticken und die nur dazu dienen, die notwendige Begegnung mit uns selbst aufzuschieben. Jesus bringt uns dazu, eine neue Stufe zu Gott und zu unserem Menschsein zu erklimmen. In ebendiesem Vorgefühl bat einer seiner Jünger Jesus: »Herr, lehre uns beten.«

Die Verflüchtigung des Vaters

»Vater …«

»Was bleibt uns vom Vater?« Der italienische Psychoanalytiker Massimo Recalcati stellt diese Frage und antwortet: Es bleibt sehr wenig. Um die heutige Zeit zu charakterisieren, bedient er sich eines Ausdrucks von Jacques Lacan: »die Verflüchtigung des Vaters.« Tatsächlich praktiziert unsere Kultur schon seit einiger Zeit, vielleicht nicht ohne Gründe, aber doch gewiss zu Unrecht, die systematische Demontage der Figur des Vaters. Der Vater ist kein Markenzeichen mehr, mit dem wir einen Sinn prüfen, kein Bezugspunkt, um das Gute vom Bösen, das Leben vom Tod abzugrenzen. Das, was der Vater repräsentiert, steht permanent unter Verdacht, oder wir versinken in überwältigender Trauer. Der weitverbreitete symbolische Waisenstand führt zum Beispiel dazu, dass man die Unsicherheit als Voraussetzung zum Glücklichsein sieht und man nur die Unsicherheit gelten lässt.

Die Vaterfigur muss wiedergewonnen werden. Das erreicht man dadurch, dass man den etablierten Gegensatz von Gesetz und Begehren überwindet, der uns glauben macht, diese beiden seien nicht miteinander zu vereinbarende Gegenpole. Am Anfang, ja in einem sehr frühen Stadium unserer Kindheit stehe die Entdeckung des Wunsches, der sich in der Erwartung widerspiegele, dass der vorgeburtliche Zustand ewig fortdauern werde, dieses Einssein, die Verschmelzung mit dem Objekt unserer Liebe (in diesem Fall mit dem Körper unserer Mutter). Der Vater tritt als Außenstehender hinzu, als ein Fremder mit der symbolischen Aufgabe, uns aus dieser undefinierten »Symbiose« mit dem mütterlichen Körper herauszulösen, um uns eine schwierige, aber reelle Liebe zu zeigen, die durch voneinander unterschiedene Identitäten zustande kommt, durch Grenzen und durch Selbstständigkeit. Die Wiedergewinnung des Vaters beinhaltet aber auch, dass das Gesetz keine Bedrohung darstellt, sondern eine Bedingung des Begehrens selbst – des authentischen Begehrens – ist. Die grundlegende Trennung, die der Vater symbolisch durchführt, bewirkt einen Mangel, aber ohne Mangel gibt es kein Begehren, und ohne Begehren gibt es kein Sein.

Auch im Bereich der Spiritualität erlebt man heutzutage eine »Verflüchtigung des Vaters«. Das Dürsten nach Spiritualität, das diffus die sogenannte »Rückkehr des Religiösen« kennzeichnet, schwebt in Gefahr, eine Art emotionales Abdriften zu werden, eine Suche nach einer risikofreien Schutzzone, die alles gibt, in Wirklichkeit aber nichts von einem verlangt, eine Auflösung des Bewusstseins in einer Art Verschmelzungserfahrung, die umso willkommener ist, je weniger Verantwortlichkeit sie verlangt. Es gibt keine christliche Erfahrung ohne die Entdeckung des Vaters. Der Apostel Paulus schreibt: »Ihr habt doch nicht einen Sklavengeist empfangen, dass ihr wieder Angst haben müsstet, sondern ihr habt den Geist der Sohnschaft empfangen, in dem wir rufen: Abba, Vater! Der Geist selbst bezeugt unserem Geist, dass wir Kinder Gottes sind« (Römer 8,15–16).

Die Vaterbilder läutern

Es genügt aber nicht, symbolisch die Vaterschaft zu rehabilitieren. Wenn wir die Wende in der Kenntnis Gottes, die uns Jesus anbietet, vollziehen wollen, müssen wir es auch wagen, bestimmte Vaterbilder kritisch zu läutern. Oft entspringen unsere Schwierigkeiten in Bezug auf Gott Missverständnissen, die der Widerhall der Vaterfigur noch immer in uns wachruft. Zum Beispiel ist einer der Klassiker der Weltliteratur der *Brief an den Vater* von Franz Kafka. Er ist eine Anklageschrift, die die innere Zerreißprobe widerspiegelt, die Kafka durchlebt hat. Er wuchs im Schatten des Vaters auf, hatte jedoch diesen unlösbaren Knoten zu lösen: Er konnte machen, was er wollte, den Ansprüchen des Vaters konnte er nie genügen. Der Beginn des Briefes beschreibt gut, welches Drama dies auslöst:

> Liebster Vater, Du hast mich letzthin einmal gefragt, warum ich behaupte, ich hätte Furcht vor Dir. Ich wusste Dir, wie gewöhnlich, nichts zu antworten, zum Teil eben aus der Furcht, die ich vor Dir habe, zum Teil deshalb, weil zur Begründung dieser Furcht zu viele Einzelheiten gehören, als dass ich sie im Reden halbwegs zusammenhalten könnte. Und wenn ich hier versuche, Dir schriftlich zu antworten, so wird es doch nur sehr unvollständig sein, weil auch im Schreiben die Furcht und ihre Folgen mich Dir gegenüber behindern …[8]

Man findet tatsächlich nicht selten, sogar bei Christen, die Darstellung eines Gottes, der dem unerreichbaren und unzufriedenen Vaters Kafkas nur allzu ähnlich ist. Es scheint, als könnten wir machen, was wir wollen, könnten uns anstrengen, wie wir wollen, nie erreichen wir, dass Gott uns wohlwollend ansieht. Alles an uns ist ungenügend, nicht perfekt genug, kaum der Erwähnung würdig. Die christliche Verkündigung spricht nicht von einem solchen Gott, der seine Liebe mit unnachgiebiger Sparsamkeit dosiert, sondern von einem barmherzigen Gott. Im 1. Johannesbrief heißt es: »Nicht darin besteht die Liebe, dass wir Gott geliebt haben, sondern dass er uns geliebt und seinen Sohn als Sühne für unsere Sünden gesandt hat« (1 Johannes 4,10).

Andere Vaterbilder sind zu sehr durch kulturbedingte Stereotypen vorbelastet und wiederholen sich in ihrer Distanziertheit und Sprödigkeit. Der Schriftsteller António Alçada Batista beschreibt diese exemplarische Geschichte in der ersten Person: »Vor vielen Jahren wurde ich operiert, und mein Vater war bei mir im Krankenhaus. Mir tat alles weh, von den Zehennägeln bis zu den Haarspitzen, und mein Vater war bei mir. Ich war schon 19 Jahre alt, aber ich sehnte mich nach seiner menschlichen und väterlichen Hand, und ich sagte zu ihm:

»Zeig mir einmal deine Hand.«

»Warum?«

»Ich brauche deine Hand.«

Er lächelte und gab sie mir, doch auf einmal begannen in ihm die lastenden Mechanismen männlicher Überlegenheit und akademischer Normen zu wirken, die einem Sohn von 19 Jahren die liebevolle Hand des Vaters verweigern. Und so begann er, unauffällig seine Hand zurückzuziehen, bis nur noch meine bittend dalag, aber allein und einseitig.«

»Ich brauche deine Hand.« Die Kenntnis von Gott als Vater kann nur eine gelebte, von Grund auf erfahrungsgetränkte Kenntnis sein, etwas Fühlbares, das uns an etwas Absolutem teilhaben lässt. Ich erinnere mich an eine Figur in einem Roman von Clarice Lispector, die neben dem Bett kniet und betet: »Erleichtere meine Seele, mach, dass ich fühle, dass meine Hand in deiner liegt, mach, dass ich mich selbst liebe, sonst kann ich nicht fühlen, dass Gott mich liebt. Amen.« Das Evangelium von Jesus selbst verbietet uns, an abstrakten und künstlich-intellektuellen Formeln festzuhalten. Wie der Autor des Hebräerbriefes uns versichert: »Darum schämt sich Gott ihrer nicht, ihr Gott zu heißen« (Hebräer 11,16). Aber wir müssen uns von bestimmten Bildern losmachen, um beim Vater sein zu können.

Sich verlieren und sich finden

Es gibt einen Text im Lukasevangelium, der vordergründig nur einen Vorfall in der Familie des jungen Jesus schildert, der aber in diesem Zusammenhang eindeutig mehr ist als das. Sehen wir uns die Episode einmal an:

Seine Eltern zogen jedes Jahr zum Paschafest nach Jerusalem. Als er zwölf Jahre alt geworden war, gingen sie der Festsitte gemäß wieder hinauf. Nachdem die Tage vorüber waren und sie heimkehrten, blieb der Junge Jesus in Jerusalem und seine Eltern wussten es nicht. In der Meinung, er sei bei der Pilgergruppe, gingen sie eine Tagreise weit und suchten ihn unter den Verwandten und Bekannten. Als sie ihn nicht fanden, kehrten sie nach Jerusalem zurück und suchten ihn dort. Nach drei Tagen fanden sie ihn im Tempel, wie er mitten unter den Lehrern saß, ihnen zuhörte und Fragen stellte. Alle, die ihn hörten, staunten über seine Einsicht und über seine Antworten. Als seine Eltern ihn sahen, waren sie fassungslos, und seine Mutter sagte zu ihm: Kind, warum hast du uns das angetan? Dein Vater und ich haben dich mit Schmerzen gesucht. Da sagte er zu ihnen: Warum habt ihr mich gesucht? Wusstet ihr nicht, dass ich in dem sein muss, was meinem Vater gehört? Doch sie verstanden nicht, was er damit meinte. (Lukas 2,41–50)

Das Evangelium erzählt nicht die Geschichte eines Kindes, das im Gewühl eines Festes verloren geht – obwohl: Wenn Kinder anfangen verloren zu gehen (oder verloren gehen zu wollen), sagt das viel aus über die Entwicklung ihrer Selbstständigkeit. Doch dieser Bericht verweist uns auf das eben angesprochene Thema: Dabei ging es darum, dass wir, um Gott zu lieben, um Gottes Gegenwart in uns zu verstehen, uns von Gott durchdringen lassen, ihn in uns aufnehmen müssen, bis er gewissermaßen zu unserem inneren Knochengerüst wird. Wir müssen zulassen, dass Gott das Muster unseres Lebens wird. Dies ist im Grunde das, was mit Jesus geschehen wird.

Als er zwölf Jahre alt ist … Das Alter von zwölf Jahren kennzeichnet im Judentum das Alter, in dem ein Knabe das Ende der Kindheit erreicht und als volles Mitglied des Volkes behandelt wird. Jesus fühlt, dass er einen neuen Zyklus beginnt: er ist gleichsam durchdrungen vom Bild Gottes. Es ist merkwürdig, dass er nach dieser Episode nicht im Tempel bleibt. Er kehrt mit seinen Eltern zurück, und Lukas berichtet: »Er war ihnen gehorsam«. Der Austausch der inneren Muster, dieser Übergang von »meinem Vater« zu »unserem Vater«, bedeutet nicht, dass man seine Eltern nicht mehr achtet und ihnen die Liebe vorenthält, die man ihnen schuldet … Damit hat es nichts zu tun. Doch es hat damit zu tun, dass man versteht, dass der Hauptbezugspunkt unserer inneren Struktur Gott ist. Diese Veränderung ist grundlegend wichtig, um die Bedeutung des Gebetes zu verstehen, das Jesus uns lehrt.

Vielleicht haben wir negative Erfahrungen in der Familie gemacht oder aber außergewöhnlich positive. Wir können Schwierigkeiten durchlitten oder nur Freude erlebt haben. Das alles hat kein übergroßes Gewicht, denn alle Menschen, die mit schlechten und auch die mit guten Erfahrungen, sind dazu aufgerufen, Vater und Mutter hinter sich zu lassen, um diesen Gott, der Vater ist, zu entdecken, ihn in ihrem tiefsten Inneren zu entdecken.

Vater und Mutter hinter sich zu lassen bedeutet symbolisch nicht nur die menschliche Familie, die uns hervorgebracht hat. Es bedeutet vielmehr, den gesamten sozialen und kulturellen Kontext hinter sich zu lassen, der uns schließlich auch geprägt hat. Denn wir sind nicht nur die Frucht zweier Personen; wir sind die Konsequenz von sehr vielen Dingen. Wir sind das Ergebnis dessen, was andere von uns denken, wie andere uns sehen oder wie wir denken, dass wir gesehen werden, davon, was die anderen von uns erwarten, was andere als gut ansehen … Wir sind das Ergebnis der Wünsche, die wir uns zu eigen gemacht haben, das Ergebnis dessen, was wir für das Beste halten, für das, was uns die besten Gelegenheiten bietet … Wir sind das Ergebnis einer umfangreichen Summe von Faktoren, die uns unablässig umgeben … Aber es kommt ein Augenblick, in dem man sagen muss:

Ich möchte nicht nur die Frucht meines Vaters sein (wobei Vater alles das bedeutet, was wir gerade bedacht haben). Ich möchte jetzt von »unserem Vater« hervorgebracht werden, zu dem Jesus mich zu beten lehrt.

Türen, die verschlossen waren

Wer schon einmal das Glück hatte, eines der Bücher des amerikanischen Schriftstellers J. D. Salinger in die Hand zu bekommen, ist bestimmt schon auf die Familie Glass aus New York gestoßen, eine Familie mit irischen und jüdischen Wurzeln, in der die Tochter Franny das jüngste von sieben Geschwistern ist. In der Novelle *Franny und Zooey* ist sie zwanzig Jahre alt, besucht die Universität, hat eine oberflächliche Liebschaft, arbeitet angeblich in einer Theatergruppe mit, hat eine Unzahl an Beschäftigungen … Aber nach und nach fühlt sie sich fehl am Platze, ohne festen Platz in jener Welt, der gegenüber sie sich als Nonkonformistin bekennt, fühlt sich aber auch verwirrt, einsam und gehetzt. Um sich herum beobachtet sie einen Geistertanz, dessen sie müde geworden ist: der Tanz des »Ego, Ego, Ego – mein eigenes Ego und die Egos der anderen«. Die fehlende Authentizität, mit der sie bisher wertfrei gelebt hat, beginnt nun, ihr die Luft abzuschnüren. Sie erträgt die Oberflächlichkeit und die läppische Scheinheiligkeit nicht mehr, die in Windeseile von einer Seite auf die andere schwenkt. Das akademische Wissen, das sie erwirbt, genügt ihr nicht mehr. So sagt sie einmal: »Manchmal glaube ich, Wissen – jedenfalls Wissen um des Wissens willen – ist das Schlimmste.« Sich dieser Tatsache bewusst zu werden ist eine außergewöhnliche Gnade, aber sie kann das in ihrer Qual nicht erkennen. Kurioserweise ist der Katalysator von Frannys Krise ein kleines grünes Büchlein, das sie immer bei sich trägt: *Aufrichtige Erzählungen eines russischen Pilgers*, ein Klassiker der christlichen Spiritualität über das Gebet und die spirituelle Erleuchtung. Sie scheint aber nicht für diese Lektüre bereit zu sein. So schwankt sie ständig zwischen Skepsis und Zustimmung, zwischen einem praktischen Nihilismus und einer erregten Glaubenssuche, und dieses Büchlein zeigt unwiderruflich die Notwendigkeit einer Entscheidung. Sie wird Türen öffnen müssen, die verschlossen waren.

Um Türen so öffnen zu können, machte sich Nikodemus auf die Suche nach Jesus:

> Es war unter den Pharisäern ein Mann mit dem Namen Nikodemus, ein führender Mann unter den Juden. Er kam bei Nacht zu Jesus

und sagte zu ihm: Rabbi, wir wissen, dass du als Lehrer von Gott gekommen bist. Denn niemand kann diese Zeichen tun, die du tust, wenn nicht Gott mit ihm ist. Jesus antwortete ihm: Amen, amen, ich sage dir: Wer nicht von oben geboren wird, kann das Reich Gottes nicht sehen. Nikodemus sagte zu ihm: Wie kann ein Mensch geboren werden, wenn er ein Greis ist? Kann er etwa zum zweiten Mal in den Schoß seiner Mutter gehen und geboren werden? Jesus antwortete: Amen, amen, ich sage dir: Wer nicht aus Wasser und Geist geboren wird, kann nicht in das Reich Gottes eingehen. Was aus dem Fleisch geboren ist, ist Fleisch; was aus dem Geist geboren ist, ist Geist. Wundere dich nicht darüber, dass ich zu dir sagte, ihr müsst von oben geboren werden. (Johannes 3,1–7)

Meister Eckhart sagt: »Das Auge, in dem ich Gott sehe, das ist dasselbe Auge, darin mich Gott sieht; mein Auge und Gottes Auge, das ist ein Auge und ein Sehen und ein Erkennen und ein Lieben.«[9]

Ein Vater, der unser Vater wird

»Vater unser«

Marcel Proust schreibt in seinem Essay *Tage des Lesens:*

> Nun gibt es manche Geister, die man mit jenen Kranken vergleichen könnte, denn eine Art Trägheit oder Frivolität hindert sie, spontan in die tieferen Regionen ihres Selbst hinabzusteigen, wo das wirkliche Leben des Geistes beginnt. Nicht, dass sie, wenn man sie erst einmal dorthin geführt hätte, unfähig wären, auch wirkliche Reichtümer dort zu entdecken und auszubeuten, aber ohne diesen fremden Einfluss leben sie an der Oberfläche in einem ständigen Vergessen ihrer selbst, in einer Art Passivität, die sie zum Spielzeug aller Vergnügungen macht, sie auf das Maß der sie umgebenden Menschen verkleinert und sie in Bewegung hält, und gleich jenem Edelmann, der seit seiner Kindheit das Leben von Strauchdieben teilte und sich nicht mehr an seinen Namen erinnerte, weil er ihn schon so lange nicht mehr benutzt hatte, würden sie schließlich

> in sich jede Empfindung für ihren geistigen Adel und jede Erinnerung daran zerstören, wenn sie nicht durch einen von außen kommenden Impuls gewissermaßen gewaltsam wieder in das Leben des Geistes zurückgeführt würden, in welchem sie plötzlich die Kraft wiederfinden, aus sich selbst heraus zu denken und zu schaffen.[10]

Oft sind wir genau wie jener Edelmann, der, weil er nie in Übereinstimmung mit seinem Inneren gelebt hat und nie im Gleichklang mit seiner Identität war, nie erfährt, wer er eigentlich ist. Nur das Eingreifen des Geistes (und für uns ist es der Heilige Geist) kann ihn in seine Mitte, in sein Lebenszentrum zurückbringen und ihm das zuraunen, was er ist – und dabei Schichten über Schichten der Verlassenheit durchbrechen. Das Vaterunser kann dieser zum Aufbruch treibende Impuls sein. Origenes sagt zu Recht, dass unser Leben ein unablässiges und unendliches Vaterunser sei. Und wir sind dazu herausgefordert, dies anzuerkennen.

Das Beten des Vaterunsers sollte uns beunruhigen. Wir haben uns so daran gewöhnt, mit dem Vaterunser zu leben, dass wir Gefahr laufen, seinen Sinn zu verwässern. Oskar Wilde erinnert uns daran, dass die Wiederholung etwas sehr Anti-Spirituelles sein kann. Aber die Ersten, die Jesus »Abba« sagen hörten, empfanden das genaue Gegenteil, denn sie erlebten etwas Einzigartiges: Da gab es jemanden, der Gott »Vater« nannte. Manche, die das hörten, fanden es sicherlich skandalös, eine ganz inakzeptable Art zu beten. Warum? Weil es einfacher ist, Gott von außen zu sehen. Gott ist groß, transzendent, mächtig, befreiend, wird aber immer von außen betrachtet. Die Wende, die Jesus bringt, besteht darin, Gott von innen her zu betrachten. Jesus stellt sich als Sohn Gottes vor. Seine Beziehung zu Gott ist eine Eltern-Kind-Beziehung. Jesus sagt, dass Gott ihn so tief durchdringt, dass er Sohn ist und sich als solcher erkennt. Man beachte die Intensität des Zeugnisses Jesu:

> Philippus sagte zu ihm: Herr, zeig uns den Vater, und es genügt uns. Jesus antwortete ihm: Schon so lange bin ich bei euch und du hast mich nicht erkannt, Philippus? Wer mich gesehen hat, hat den Vater gesehen. Wie

> kannst du sagen: Zeig uns den Vater? Glaubst du nicht, dass ich im Vater bin und der Vater in mir ist? Die Worte, die ich zu euch sage, rede ich nicht von mir selbst aus. Der Vater, der in mir bleibt, vollbringt seine Werke. Glaubt mir, dass ich im Vater bin und der Vater in mir ist. (Johannes 14,8–11)

Jesus liefert uns nicht nur eine besondere Kenntnis von Gott. Er ist kein Prophet, Gesetzgeber oder Mittler. Er ist etwas anderes: Gott ist seine »Imago«, die ganz außergewöhnliche, innere Quelle, die die messianische Kreativität seiner Worte und Taten gestaltet und erleuchtet … In gewisser Weise ist das Programm Jesu diese Sohnschaft, diese Verbindung als Sohn mit dem Vater. So wie wir oft Dinge tun, ohne zu wissen, weshalb – nämlich wegen des Abbilds des Vaters, das wir in uns tragen und mit dem wir im Zwiegespräch stehen. Jesus tut dies mit Gott. Alles in ihm war durch dieses Bewusstsein seines Sohnseins gekennzeichnet. Er konnte Gott wirklich »Abba« nennen und die Bezeichnung verwenden, die ein Kind seinem Vater gibt, indem es ihn »Papa« nennt oder »Papi«: nicht aus kindlicher Abhängigkeit, sondern aus dem gereiften und erprobten Leben einer Vater-Kind-Beziehung. Wenn Jesus sagt »Vater unser«, »Abba unser«, will er damit sagen, dass Gott der Gott für alle Zeiten ist, dem man vertrauen kann, wie ein Kind dem Vater rückhaltlos vertraut, vorbehaltlos, absolut und vollständig. Gott ist derjenige, den wir bitten können: »Ich brauche deine Hand«, »Gib mir deine Hand« und bei dem wir wissen, dass er sie uns reicht, dass er sich um uns kümmert, uns begleitet, uns beschützt, alles für uns tut. »Abba« zu sagen heißt auch, dass ich mich in die Einfachheit eines Kindes vor Gott hineinversetzen will, dass ich so sein will, wie der Psalm sagt: »O Herr, nicht hochmütig ist mein Herz, nicht erhebe ich stolz meine Augen. Nach großen Dingen jage ich nicht, nach Dingen, die mir zu hoch sind. Schweigen lehrte ich meine Seele, und ich schaffte ihr Frieden. Wie ein Kind auf dem Schoß der Mutter, wie ein Kind, so ruht meine Seele in mir« (Psalm 131,1–2). Wie viel Unruhe, Reizbarkeit und Zerstreuung rühren daher, das wir nicht die vom Vater durchdrungene Seele eines Kindes haben und wir uns im Labyrinth der provisorischen und immer ungenügenden Ersatzlösungen in die Irre leiten lassen.

Er wollte, dass wir seinen Vater »Vater unser« nennen

Die Taufe macht uns zu keinen Anhängern, Sympathisanten, Dienern oder Eiferern Jesu. Ebenso wenig lässt sie uns Jesus lediglich als eine außergewöhnliche Persönlichkeit entdecken, die die Weltgeschichte für immer geprägt hat und uns dazu verurteilt, bloß bewundernde Zuschauer zu sein. Um eine der schönsten Formulierungen des Neuen Testaments aufzugreifen, die aus dem Hebräerbrief stammt, können wir sagen, dass die Taufe uns an Christus teilhaben lässt (»Denn an Christus haben wir Anteil« – Hebräer 3,14).

Und warum haben wir Anteil? Ich zitiere noch einmal den Hebräerbrief : Wir haben Anteil, weil Jesus sich nicht scheute, uns seine Brüder zu nennen. (»Deswegen schämt er sich auch nicht, sie Brüder zu nennen, indem er sagt: Ich will deinen Namen meinen Brüdern verkünden« – Hebräer 2,11–12.) Wenn Jesus von Gott sprach, sagte er nie »unser Vater«. Oft spricht er zwar von Gott als »mein Vater« oder als »Vater im Himmel«. Aber als er seine Jünger das Vaterunser lehrt, sagt Jesus »unser Vater«, gleichsam um das Mysterium der Kommunion zu erklären, das uns mit ihm eins sein lässt. Indem wir das Vaterunser beten, erhalten wir in Wahrheit Anteil an Christus. Sein Sein, sein Weg, sein Stil werden zu unserem, denn »sein Vater« ist »unser Vater«. Das heißt, er teilt mit uns seine innere und essenzielle Struktur, sein inneres Gefüge, das, worum es ihm immer geht. Im Prolog des Johannesevangeliums heißt es: »Allen aber, die ihn aufnahmen, gab er Macht, Kinder Gottes zu werden« (Johannes 1,12). Und Augustinus schreibt in seinem Kommentar zum Vaterunser: »Jesus wollte, dass wir seinen Vater unseren Vater nennen.« Tatsächlich vermittelt uns Jesus keine Gebetsformeln, sondern er führt uns in eine existenzielle und praktische Dimension ein, eröffnet uns den Zugang zu seiner Sohnschaft. Was Jesus uns vermittelt, ist kein Kopfwissen, sondern ein Geschmack, ein genießendes Schmecken.

In diesem Zusammenhang verstehen wir einige grundlegende Stellen aus den Briefen des Apostels Paulus besser. Zuerst die im Römerbrief: »Denn alle, die sich vom Geist Gottes leiten lassen, sind Söhne Gottes. Ihr habt doch nicht einen Sklavengeist empfangen, dass ihr wieder Angst haben müsstet, sondern ihr habt den Geist der Sohnschaft empfangen, in dem wir rufen: Abba, Vater! Der Geist selbst bezeugt unserem Geist, dass wir Kinder Gottes sind. Wenn aber Kinder, dann auch Erben, Erben Gottes, Miterben Christi, so gewiss wir mitleiden, um auch mitverherrlicht zu werden« (Römer 8,14–17).

Dieser erste Text hilft uns zu verstehen, wie man vom »mein Vater« zum »unser Vater« gelangt. Dieser Schritt ist eine Konsequenz von Ostern. Eingetaucht in das Ostern Jesu, sind wir dazu aufgerufen, von seinem Geist zu leben, gestaltet nach seiner Wirklichkeit. Wir bleiben keine Diener oder gar

Sklaven, sondern wir werden Kinder Gottes und handeln als solche in der Welt. (»Ihr leuchtet als Lichter in der Welt«, versichert der Philipperbrief 2,15.) Denn es gibt keine andere Art und Weise, Christ zu sein. Es gibt keine andere Art, das Gottesreich in der Welt gegenwärtig werden zu lassen, als von innen heraus, durchtränkt und verändert durch Gott, von Gott und nur von Gott lebend.

Aus demselben gedanklichen Zusammenhang heraus schreibt Paulus an die Galater: »Als aber die Zeit erfüllt war, sandte Gott seinen Sohn, geboren von einer Frau und dem Gesetz unterstellt, damit er die dem Gesetz Unterworfenen loskaufe, damit wir an Kindes statt angenommen würden. Weil ihr aber Söhne seid, sandte Gott den Geist seines Sohnes in unsere Herzen, der ruft: Abba, Vater. Also bist du nicht mehr Knecht, sondern Sohn; wenn aber Sohn, dann auch Erbe durch Gott« (Galater 4,4–7). Welch ein Wunder verbergen die Worte »Vater unser«. Sie enthalten das Geheimnis unserer Sohnschaft in Christus. Wir wurden zu Kindern Gottes im Sohn Gottes. Wir treten durch Jesus in das Geheimnis Gottes selbst ein, in das Herz der Heiligsten Dreifaltigkeit. Unsere Namen sind eingeschrieben in das Herz Gottes. Und Christus hilft uns zu sagen »Vater unser«. Allein wären wir unfähig zu beten, wären wir unfähig zu sagen, dass Gott unser Vater ist. Wir könnten es nicht … Dies hat Jesus uns offenbart. Jeder Christ ist eine Konsequenz Christi, und es gibt kein christliches Gebet, bei dem nicht sein Ursprung und der Schlüssel zu ihm in der Christologie zu suchen wären. Weil Jesus uns als guter Hirte auf seinen Schultern getragen hat, uns entgegengelaufen ist, die Suche nicht aufgegeben hat, bis er uns wiedergefunden hat – weil Jesus sich an den Leib unserer Unwissenheit und Schwachheit gebunden hat – weil Jesus auf seinen Schultern das Gewicht unserer Last getragen hat, hat er uns offenbart, wer wir waren. In unserer Schwachheit hätten wir weder die Kraft noch das Wissen zu sagen, dass Gott unser Vater ist. Genau aus dem Grund, weil Jesus sich an uns gebunden hat, können wir beten: »Vater unser«. Und deswegen ist das Vaterunser auch das Gegenteil von Einsamkeit. Jesus lässt uns die ganze Zeit das Geheimnis der Liebe Gottes entdecken. Wenn beim Beten des Vaterunsers auch manchmal unsere Stimme schwankt und unser Geist wankt und unser Gebet nur ein schwaches Murmeln ist, gibt uns der Glaube, dass Gott bei uns ist, die notwendige Kraft.

Ganz lapidar in ihrer Klarheit sind die Worte des heiligen Cyprian von Karthago über das Vaterunser:

> Wir sagen nicht: »Mein Vater, der Du bist im Himmel«, auch nicht: »Mein Brot gib mir heute«, und ebenso wenig fleht der Einzelne nur für sich um Vergebung seiner Schuld oder bittet für sich allein, nur *er* möge nicht in Versuchung geführt, nur *er* möge vom Bösen erlöst werden. Unser Gebet ist öffentlich, und es gilt allen; und wenn wir beten, so beten wir nicht für einen Einzigen, sondern für das ganze Volk, weil wir alle eins sind.[11]

Ebenso bewegend sind die Worte des heiligen Augustinus:

> Vater unser. Welche Würde! So spricht der Kaiser, so spricht der Bettler; so spricht der Sklave, so spricht sein Herr. Sie erkennen also, dass sie Geschwister sind, da sie einen Vater haben.«

Und in demselben Sinne schließt sich die Meditation des zeitgenössischen Dichters Charles Péguy an:

> Wir müssen uns alle zusammen retten! Zusammen beim lieben Gott ankommen! Zusammen vor ihn treten! Wir dürfen nicht die einen ohne die anderen zu ihm kommen. Alle zusammen sollen wir heimkehren ins Haus unseres Vaters. Man muss auch etwas an die anderen denken; etwas müssen wir auch füreinander arbeiten. Was würde er wohl von uns denken, wenn wir ohne die anderen ankämen, ohne die anderen heimkehrten?[12]

Bevor wir aber alle diese Aussagen, von Cyprian bis Charles Péguy, auf uns anwenden, beziehen sie sich vor allen Dingen auf Jesus. Er war es nämlich, der nicht allein gerettet werden wollte, sondern mit den anderen zusammen, der sich hingeben wollte, der nicht allein in die Herrlichkeit eingehen wollte. Als er ins Paradies kam, tat er dies als Erstgeborener, als Erster, als Anführer, als Prototyp. So heißt es im Römerbrief: »Er ist der Erstgeborene von vielen Brüdern« (Römer 8,29). Wenn wir das Vaterunser sprechen, sind wir dazu aufgefordert, ein Abenteuer zu erleben, das Jesus sich so vorstellte: aufzubrechen aus unserer menschlichen und gemeinschaftlichen Erfahrung, aus unserem verwundeten Leben, um ihn als unseren Gefährten zu finden, so wie die Jünger von Emmaus ihn an ihrer Seite hatten, damals, als der Tag zur Neige ging, so wie es auch bei uns noch ist.

Wo bist du?
»... im Himmel«

Auch um das bisher Gesagte richtig zu verstehen, ist es wichtig, nicht zu vergessen, dass Gott nicht nur ein Modell in uns ist. Gott ist nicht nur eine innere »Imago«, eine Figur unseres Innenlebens. Gott ist eine absolute Gegenwart in sich. Er existiert nicht nur in uns, um uns als Bezugspunkt zu dienen, sondern er existiert auf unaussprechliche Weise in sich selbst. Die Philosophen der Scholastik lehren, dass, wo wir Existenzen sind, Gott die Essenz ist. Diese Definition kann man vielleicht mit dem Intellekt noch relativ leicht erfassen, doch in ihrer Ganzheit nur mühsam begreifen. Wenn wir Existenzen sind, können wir uns nicht so recht vorstellen, was jenseits aller Existenzen dann reine Essenz ist. Und diese Schwierigkeit sagt viel aus über den Abgrund der Transzendenz, der uns von Gott trennt, und über die Unendlichkeit, die uns unterscheidet. Simone Weil sieht dies positiv:

> Wir sollen glücklich sein in dem Bewusstsein, dass er [Gott] uns unendlich entzogen ist. So haben wir die Gewissheit, dass das Böse in

> uns, selbst wenn seine Flut unser ganzes Wesen bedeckt, in nichts die göttliche Reinheit, Glückseligkeit und Vollkommenheit befleckt … Wir können auch nicht einen einzigen Schritt gegen den Himmel hinauf tun. Die senkrechte Richtung ist uns versagt. Aber wenn wir lange Zeit den Himmel betrachten, steigt Gott hernieder und hebt uns empor.[13]

Und tatsächlich steigt er zu uns hernieder. Wir suchen Gott nur, weil er uns als Erster gesucht hat. Das Verlangen, das wir nach seinem Angesicht haben, wurde durch ihn geweckt, unser Hunger nach Stille und Begegnung, unser Mangel an Absolutem, unser Wunsch nach Liebe, nach einer Liebe, die nie erstirbt …

Ein Gott, der da ist

»Vater unser im Himmel.« Bevor wir erklären, was Himmel bedeutet, verweilen wir zunächst beim Verb. Es handelt sich um eine erstaunliche Erklärung, die die gesamte biblische Offenbarung durchzieht, das Alte wie das Neue Testament. Gott ist da. Der transzendente Gott »sieht«, »hört«, »hat Erbarmen«, »zeigt sich«, »gewährt die Begegnung«. Man denke nur an den grundlegenden Schritt im Buch Exodus:

> Der Herr sprach: Ich habe das Elend meines Volkes in Ägypten gesehen und sein Schreien über ihre Peiniger gehört. Ja, ich kenne seine Leiden. Darum bin ich herabgestiegen, um es aus der Gewalt der Ägypter zu befreien und aus diesem Land herauszuführen in ein schönes und weites Land, in ein Land, das von Milch und Honig fließt, in das Gebiet der Kanaaniter, Hetiter, Amoriter, Perisiter, Hiwiter und Jebusiter. Jetzt aber ist das Schreien der Israeliten zu mir gedrungen und ich habe auch gesehen, wie die Ägypter sie quälen. (Exodus 3,7–9)

Die Schrift vermeidet Definitionen und bedient sich eines ausgesprochen narrativen Stils. Sie schafft keine Begriffe, die sich verselbstständigen – sie erzählt, berichtet, bringt Beispiele. Und die Bilder, die sie uns von Gott zeigt, bezeugen, dass er doch für uns erreichbar ist, dass er auf unsere Erwartungen und auf unseren Herzschlag achtet, immer auf uns schauend, immer dazu bereit, uns zu lieben. Im Tiefsten ist er ein Gott, der da ist. Dies ist derart ausgeprägt, dass sogar mancher Bibelkommentator sich schon gefragt hat, ob die Bibel selbst nicht in einigen Passagen zu weit gegangen sei und die

Transzendenz Gottes infrage gestellt habe. Ein bekanntes Beispiel ist der berühmte Psalm 23:

> Der Herr ist mein Hirte; ich leide nicht Not;
> Auf grünender Weide lässt er mich lagern.
> Er führt mich an Wasser der Ruhe,
> Erquickung spendet er meiner Seele.
> Er leitet mich auf dem rechten Pfad,
> getreu seinem Namen.
> Und muss ich auch wandern im finsteren Tal,
> ich fürchte kein Unheil, denn du bist bei mir.
> Dein Stock und dein Hirtenstab,
> die geben mir Zuversicht.
> Du hast einen Tisch mir bereitet
> vor den Augen der Feinde.
> Du salbtest mein Haupt mit Öl,
> mein Becher ist gefüllt bis zum Rand.
> Es geleiten mich deine Güte und Huld
> durch alle Tage des Lebens.
> Und wohnen darf ich im Hause des Herrn,
> solange ich lebe.

Der Kern des Problems liegt in Vers 4: »Und muss ich auch wandern im finsteren Tal, ich fürchte kein Unheil, denn du bist bei mir.« Was wird hier gesagt? Das »finstere Tal« ist die Hölle, das Reich der Schatten, das Einbrechen der Nacht, das Nahen des Todes. Macht es überhaupt Sinn, dass der Psalmist schreibt: »Du bist bei mir«? Kann Gott auf finsteren Wegen gehen? In die Tiefen hinabsteigen? In den nächtlichen Wassern unserer Hoffnungslosigkeit versinken? Kann Gott dorthin hinabsteigen, wo Gott undenkbar ist? Nur das Übermaß seiner Liebe gibt uns die Gewissheit, dass kein Schatten, keine Dämmerung die Treue seiner Gegenwart und seine Anteilnahme an unserer dramatischen Lebensgeschichte verdunkeln kann. Nichts schränkt ihn ein, nichts schnürt ihn ein, nichts hält ihn zurück: Gott ist immer da.

Wir müssen in der Aussage des Evangelisten in seinem Bericht über das Leiden Jesu dieselbe spirituelle Dichte sehen wie im Psalm 23: »So erfüllte sich das Schriftwort: Er wurde zu den Übeltätern gezählt« (Markus 15,28). Kann der Gerechte zu den Ungerechten gezählt werden, als wäre er einer von ihnen? Was hier beschrieben wird, ist ein erschütterndes Geheimnis der Solidarität und der Präsenz, das uns sprachlos macht.

In einem seiner Romane erzählt Elie Wiesel von einer Hinrichtung in einem Konzentrationslager. Es wurden einige Unschuldige aufgerufen und willkürlich vor das Erschießungskommando gestellt. Einer zischt leise durch die Zähne: »Gott, wo bist du?« Woraufhin er die flüsternde Stimme seines Leidensgenossen hört: »Gott ist genau hier, unter denen, die erschossen werden.«

Ein Werk des italienischen Philosophen Maurizio Ferraris ist eine gewisse Parodie auf unsere Zeit, zugleich ist es aber auf beunruhigende Weise erhellend. Das Werk hat den Titel: *Wo bist du? Eine Ontologie des Mobiltelefons* (2006). Natürlich kann man vom Mobiltelefon keine Ontologie schreiben, doch kann man die Auswirkungen beobachten, die diese und andere technische Errungenschaften auf unser tägliches Leben und unsere Verhaltensweisen haben. Bei einem Anruf auf ein Festnetztelefon war es normal zu fragen: »Hallo, sind Sie da?«, aber unter der Voraussetzung, dass auch jemand den Anruf entgegennahm. Seit sich die Mobiltelefone überall verbreitet haben, fragen wir nicht mehr rhetorisch: »Sind Sie da?«, sondern: »Wo sind Sie?« Anscheinend leiden wir alle unter räumlicher Entfremdung. Wir überbewerten die Mobilität zulasten des Verweilens. Wir sind nicht mehr »da«, können nicht mehr verweilen. Im besten Falle sind wir eben mal da, im Raum schwebend, vage, sporadisch, haltlos.

Eine immer häufiger auftretende Erscheinung ist die, dass wir keine Zeit haben. Wir gebrauchen ein Sprichwort, das schon die alten Römer kannten, und sagen, dass die Zeit flieht (tempus fugit). Die Zeit des Da-Seins flieht. Letztendlich macht aber »die Zeit, die du für deine Rose verloren hast, deine Rose so wichtig« erklärte der Fuchs dem Kleinen Prinzen. Letztendlich wissen wir genau, dass es eine Dimension in unseren Beziehungen gibt, die sie nur mit der Zeit erhalten. Nicht ohne Grund sagte dieser beispiellose Meister der Menschlichkeit, der Jesus war: »Und wer dich nötigt, eine Meile mitzugehen, mit dem geh zwei« (Matthäus 5,41). Nur wenn wir da sind, entdecken wir den Sinn und die Bedeutung unseres Gehens neben dem anderen. Nur indem wir für uns selbst da sind, eignen wir uns unseren eigenen inneren Weg an. Es ist so einfach, einander fremd zu werden. Es genügt, nicht da zu sein.

Blaise Pascal schreibt, dass das ganze Unglück der Menschheit von einer einzigen Ursache herrührt: Wir vermögen nicht an einem Ort zu bleiben. Es scheint, als müssten wir sieben Leben an einem einzigen Tag leben, nach Luft schnappend, unruhig, zusammenhang- und schlaflos. Ein gelassener Ablauf der Zeit genügt uns nicht. Von einer Verlängerung der Arbeitszeiten bis zu dem Anspruch, praktisch ununterbrochen erreichbar zu sein, begeben wir uns in einen Teufelskreis von Suche nach Aufmerksamkeit, Aktivismus und Konsum. »Beeil dich, beeil dich«, lautet das Kommando einer Stimme, die uns gefangen nimmt und deren Gesicht wir nicht sehen. »Geh hierhin, geh dorthin.« Wohin gehen wir? Vielleicht wissen wir nicht einmal, was wir sagen sollten, wenn wir die tiefer liegenden Gründe für unsere schwindelerregende Geschwindigkeit, für die rasante Beschleunigung, für die Notwendigkeit immer neuer Erfahrungen erklären müssten. Und auch hiervor, vor diesem Mangel an Antworten, laufen wir lieber davon.

Unser Gott ist da! Eine der möglichen Übersetzungen für den Gottesnamen Jahwe ist der Ausdruck »Ich bin für euch«, »Ich bin für euch da«. Der Verfasser des Hebräerbriefes greift dies in einem wunderschönen Satz auf: »Gott hat versprochen: *Ich lasse dich nicht fallen, ich lasse dich nicht im Stich«* (Hebräer 13,5). Das ist eine echte Liebeserklärung. Der Auferstandene bestätigt und ergänzt diese Aussage noch, und zwar in der Rede, mit der das Matthäusevangelium schließt: »Ich bin bei euch alle Tage bis zum Ende der Welt« (Matthäus 28,20). Gott ist da!

Spirituell verhängnisvoll ist ein Gedanke, der sich in der geläufigen Sicht des christlichen Lebens verbreitet hat: die Meinung, dass Gott sich von uns entferne, wenn wir sündigen; dass dann so etwas wie eine Gottesfinsternis geschehe. Als ob es das geben könnte! Im Gegenteil: Man muss es so sehen, dass Gott sich geradezu an uns klammert, wenn wir sündigen. Gott verlässt uns nicht; Gott verstärkt seine

Liebe zu uns. Gott schüttet seine Zärtlichkeit aus, Gott nickt uns zu, Gott fleht uns an, die Augen zu öffnen, damit wir zu uns kommen und uns daran erinnern, was wir sind, damit wir wieder zu Kräften kommen … Und genau aus diesem Grund, weil Gott sich an uns klammert wie jemand, der uns absolut liebt, wie jemand, der – wie es im Gleichnis heißt – »uns um den Hals fällt und uns küsst« (Lukas 15,20), aus diesem Grund können wir in die Umarmung des Vaters zurückkehren. Ins Vaterunser eintauchen bedeutet entdecken, dass Gott da ist – und auch: lernen, da zu sein.

Gott ist größer als der Himmel

Wir beten »Vater unser im Himmel«, und diese Anrufung muss man richtig verstehen. Origenes erklärt: »Wenn man sagt, dass der Vater der Heiligen im Himmel wohnt, darf man nicht denken, dass er eine körperliche Gestalt hätte, die das Himmelsgewölbe bewohnen würde. Wenn dies so wäre, wäre Gott kleiner als der Himmel, denn dieser würde ihn enthalten. Man soll vielmehr glauben, dass alles durch ihn umfangen wird und alles in ihm enthalten ist durch die unaussprechliche Macht seiner Göttlichkeit.«[14] Der Himmel ist Gott selbst, sein Da-Sein, seine unsagbare Herrlichkeit.

Symbolisch gesehen ist der Himmel über uns, überspannt uns. Er ist das Dach, der festliche Tanz, der eschatologische Horizont unserer eigenen Existenz. Wir wissen, dass sich der Himmel über allen Orten wölbt. Wir wissen, dass der Himmel sich nicht nur an Tagen der Freude über uns ausspannt, sondern auch in Zeiten der Traurigkeit und des Leids, am Scheideweg, wenn uns alle Hoffnung verlassen will. Wir wissen, dass kein Ort mehr Himmel hat als ein anderer. Das Gotteshaus hat nicht mehr Himmel über sich als unser Arbeitsplatz, der Ort, an dem wir uns engagieren, tätig sind und uns anstrengen, im Beruf, bei unseren Pflichten … Über dem Dach, das uns beherbergt, gibt es nicht mehr Himmel als über der einsamen Straße, die wir überqueren.

Und der Himmel hat keine Grenzen. Wir müssen im Grunde keine andere Sprache sprechen, müssen nichts Besonderes verstehen, denn der Himmel ist das, was immer über uns ist. Und daher ist dieses Bild in seiner allumfassenden Gültigkeit etwas, was unserem Herzen das Geheimnis der Gegenwart Gottes nahebringt.

Zu sagen »Vater unser im Himmel«, heißt zu sagen: »Vater unser«, der du immer, wirklich immer da bist! … Der du überall bist, der du alles im Herzen bewahrst. »Vater unser«, der du hier anwesend bist, wie du auch für den Bruder anwesend bist. »Vater unser«, der du von Beginn an warst und gleichzeitig derjenige bist, der bleibt. Auf Erden lebt und stirbt alles, wird wiedergeboren und stirbt wieder, während der Himmel immer fortbesteht.

Die christlichen Mystiker bezeugen dies, indem sie uns sagen:

> Halt an, wo läufst du hin? –
> Der Himmel ist in dir;
> suchst du Gott anderswo,
> du fehlst ihn für und für.[15]

Herr, manchmal ist unser Gebet nur das Bedürfnis nach deiner Hand, die absolute Notwendigkeit, deine feste Hand zu spüren, die uns in ihrer Stille aufnehmen kann, so wie wir sind; manchmal ist es nur der Wunsch, im Unbedachten, im Wankelmütigen, in der Unsicherheit unseres Tagtäglichen die Berührung deiner Unermesslichkeit zu spüren, und sei sie auch noch so leicht; manchmal ist es nur das Bedürfnis, anzuerkennen, dass du, indem du da bist, dieses Dürsten und Sehnen annimmst, das wir sind.

Einen Namen geben, ohne dass das Unsagbare verlorengeht

»Geheiligt werde dein Name«

Uns Glaubenden tut es gut, Nichtglaubende zu hören, wenn es um Gott und den spirituellen Weg geht. Ich kann für mich selbst sprechen: Sie lehren uns sehr viel! Denn wir laufen Gefahr, es uns leicht zu machen, Dinge für selbstverständlich zu nehmen, sie unkritisch nachzumachen. Wir laufen Gefahr, nicht nachzudenken. Einer meiner Freunde ist bekennender Atheist, und immer wenn wir uns treffen, fragt er mich: »Und, hast du an Gott gedacht?« Wenn ich ihm die Frage zurückgebe, antwortet er: »Weißt du, ich denke an nichts anderes.« Eines der Symptome, dass wir innerlich erschlaffen, sind die typischen Automatismen, die Selbstrechtfertigung desjenigen, der es sich gern leicht macht, die anstehenden Ansprüche und Prüfungen zu umgehen sucht. »Mein Sohn, wenn du dem Herrn dienen willst, dann mach dich gefasst auf Prüfungen« (Sirach 2,1). Das ist die Zielrichtung des authentischen spirituellen Weges. Prüfung und bewährte Hingabe, diese beiden sind notwendig, wenn man Vertrautheit erreichen will.

Eines Tages kam ein junger Schriftsteller zur Capela do Rato, wo ich Kaplan bin, und sagte mir: »Sie sollten den Mut haben, alle Stühle aus der Kapelle zu entfernen, wo es sich die Christen so gemütlich machen, und auf diesen glatten und festen Boden eine Schicht Erde aufschütten, um uns daran zu erinnern, dass der Glaube eine große Suche und fortwährende Reise voraussetzt.«

Zum Vers des Vaterunsers »Geheiligt werde dein Name« erinnere ich mich an ein Gedicht von Eugénio de Andrade. Es ist zugegebenermaßen sehr nüchtern, konzentriert uns aber auf die Suche. Es gibt Augenblicke, da müssen wir alles von vorne beginnen, fühlen, dass der Appell zur Reise notwendiger ist als die Stühle – oder, wie es Don Quijote ausdrücken würde: dass uns die Straße mehr zu lehren hat als der Gasthof.

Das Gedicht von Eugénio de Andrade heißt *Das Unnennbare:*[16]

Nie
hast du unseren Lippen
das Ohr genähert; nie
hast du an unser Ohr die Lippen gelegt;
du bist das Schweigen,
das harte dichte undurchdringliche
Schweigen ohne Gestalt.
Wir horchen, trinken das Schweigen

aus den eigenen Händen
und nichts vereint uns
– wir wissen nicht einmal,
ob du einen Namen hast.

Es wird immer schwierig sein, von Gott zu sprechen, und das ist gut so

Im 1. Johannesbrief heißt es, dass »Gott in uns bleibt und seine Liebe in uns vollendet ist«, aber auch: »Niemand hat Gott jemals gesehen« (1 Johannes 4,12). Der katholische Dichter Charles Péguy betet genau so in einer seiner Dichtungen:

> Du erinnerst mich an das große Schweigen, das war in der Welt
> Vor dem Beginn des Reiches des Menschen.
> Du verkündest mir dieses große Schweigen, das sein wird,
> Nach dem Beschluss des Reiches des Menschen …[17]

Es ist wahr, dass wir nicht wissen, ob Gott einen Namen hat. Es ist wahr, dass Glaubende wie Nichtglaubende das Schweigen Gottes aus den eigenen Händen trinken. Gott ist nicht manipulierbar, nicht durch schöne Reden oder Inszenierungen zu beeinflussen. Die biblische Offenbarung legt zum Beispiel großen Wert auf die Unsagbarkeit Gottes. »Warum fragst du mich nach meinem Namen?«, antwortet Gott auf die Bitte des Patriarchen Jakob, während er mit ihm rang (Genesis 32,30). Einen Namen zu kennen, bedeutete in der Kultur der biblischen Welt, Einfluss auf jemanden zu haben, in gewisser Weise mit dieser Person auf einer Stufe zu stehen. Auch heute ist das noch so. Wir haben größeren Einfluss auf jemanden – und sei es auch nur in unserer Einbildung –, dessen Namen wir kennen, als auf jemanden, den wir nur auf der Straße sehen und von dem wir nicht wissen, woher er kommt und wohin er geht. Aus demselben Grundgedanken heraus gibt uns die Bibel auch kein Abbild des Angesichts Gottes. Gott ist jenseits von allem, was wir schauen können. Gott entzieht sich unseren Blicken, Gott ist im Verhältnis zu unserem Wissen immer ein Anderer.

Die Glaubenserfahrung muss uns dazu bringen, anzuerkennen, dass Gott Gott ist und dass dies ein buchstäbliches Versinken in eine radikal andere Wirklichkeit einschließt. Die Glaubenserfahrung entsteht aus dem unerbittlichen, beunruhigenden und glühenden Oxymoron, welches ihre Stilfigur schlechthin ist: Der Glaube ist Durst, der Durst löscht, er ist Hunger, der sättigt, er ist Leere, die in Fülle erfüllt, er ist Dunkelheit, die leuchtet.

In der betenden Armut, mit ausgestreckten leeren Händen können wir ihn berühren und leben.

Es gibt ohne Zweifel Raum für eine positive Theologie. Über Gott können wir effektiv etwas Gültiges sagen. Doch dieses rational verständliche Wissen wird von der patristischen Tradition als »symbolisch« oder »nur symbolisch« bezeichnet, zumal da die transzendente Wirklichkeit für jegliches Denksystem uneinholbar ist. Gregor von Nyssa sagt, dass »Begriffe zur Erschaffung von Götzen führen«, wenn wir sie dazu verwenden, Gott zu nennen. Er sagt, dass »sich das Mysterium jenseits allen Wissens offenbart, sogar jenseits allen Unwissens, in der leuchtendsten Dämmerung des Schweigens«, welche »nur die betende Betrachtung wahrnimmt«. Der Glaube regt uns zu genau so einer Annäherung an.

Der Glaube bedient sich nicht der Spekulation: Der Glaube vermittelt kein Wissen, bietet keine Wegbeschreibungen, wiederholt sich nicht. »Geh hin, wo du nicht kannst! Sieh, wo du siehest nicht! / Hör, wo nichts schallt und klingt: So bist du, wo Gott spricht«, vertraut uns der Mystiker Angelus Silesius an.[18] Der einzige Weg ist der einer fortschreitenden Entäußerung, eines vertrauensvollen Aufgebens und einer Verwandlung. Das wahre Gebet braucht keine Bilder: Es ist Ausgesetztsein, Nacktheit oder, wie das Hohelied sagt, bräutliche

Begegnung. Der Betende ist dazu aufgerufen, in der eigenen Epiphanie verborgen zu bleiben. »Ihr seid ja gestorben und euer Leben ist mit Christus in Gott verborgen« (Kolosser 3,3).

In einer der leidenschaftlichsten Autobiografien des 20. Jahrhunderts, nämlich der von Mutter Teresa von Kalkutta, finden wir den Kern der christlichen Mystik, sehr zur Beunruhigung oder zur Entrüstung derjenigen, die das Christentum aus soziologischer Sicht betrachten. Es ist unmöglich, die Herbheit, die Läuterung, die entwaffnende Wesentlichkeit, die Entblößung, das Bekenntnis dieser bemerkenswerten Frau zur Armut nicht zu lieben, die so zu Gott betete: »Kümmere dich nicht darum, was ich fühle«; und die zu Gott Folgendes sagte: »Ich will Gott für das lieben, was er nimmt. Er hat alles in mir zerstört.« Oder auch: »In meiner Seele herrscht ein so großer Widerspruch. – Ein so tiefes Verlangen nach Gott – so tief, dass es wehtut – ein fortwährendes Leiden – und trotzdem nicht gewollt von Gott – abgewiesen – leer – kein Glaube – keine Liebe – kein Eifer. Die Seelen ziehen mich nicht mehr an – der Himmel bedeutet nichts mehr – für mich schaut er wie ein leerer Platz aus – der Gedanke an ihn bedeutet mir nichts und gleichzeitig diese folternde Sehnsucht nach Gott.« Und schließlich: »Sollte ich einmal eine

Heilige sein, dann gewiss eine Heilige der Dunkelheit.«[19]

Gesegnete Dunkelheit

Dies möchte man am liebsten sagen, denn das große Risiko auf unserem spirituellen Weg ist selten die »dunkle Nacht«, sind selten die Glaubenszweifel, die Trockenheit der Wüste, die unruhigen Zeiten, die Kämpfe … Die große Gefahr ist, dass es keine Wellen gibt, dass alles zu normal läuft, zu gleichförmig, glatt, funktional. Wir können uns tausendmal über die sogenannten »Philosophen des Verdachts« ärgern und doch nicht sehen, dass wir Glaubenden noch viel eher als jene und vielleicht sogar in einer noch schlimmeren Weise Gott, den lebendigen Gott, aus unserem Leben ausschließen. Wir machen aus ihm einen Bezugspunkt der Vergangenheit, eine schon bekannte Geschichte, ein bereits gelesenes Buch, wohlverwahrt in einer Nische der Gegenwart, ein Objekt einer Art Privatarchäologie, zum immer gleichen Gebrauch bereitliegend.

Eines der eindruchsvollsten Bücher zum Thema der religiösen Beunruhigung ist zweifellos *Die Brüder Karamasow.* Der bekannteste Teil des Buches trägt den Titel *Die Legende vom Großinquisi-*

tor und erzählt eine Geschichte, die uns immer wieder zum Nachdenken anregt. Die Handlung spielt in Spanien, in Sevilla, in der furchtbarsten Zeit der Inquisition.

> Nun wandelt Jesus in seiner unermesslichen Barmherzigkeit noch einmal unter den Menschen in ebenjener Menschengestalt, in der er fünfzehn Jahrhunderte früher dreiunddreißig Jahre unter ihnen geweilt hat. … Er erscheint still und unauffällig, und siehe da, es geschieht etwas Seltsames. Alle erkennen ihn. … Die Volksmenge strebt mit unwiderstehlicher Gewalt zu ihm hin, umringt ihn, folgt ihm. Schweigend, mit einem stillen Lächeln unendlichen Mitleids, wandelt er unter ihnen. Die Sonne der Liebe brennt in seinem Herzen, Strahlen von Licht, Aufklärung und Kraft gehen von seinen Augen aus, ergießen sich auf die Menschen und erschüttern ihre Herzen in Gegenliebe. Er streckt die Hände nach ihnen aus und segnet sie, und von seiner Berührung, ja sogar von der Berührung seines Gewandes geht eine heilende Kraft aus. Da ruft aus der Menge ein Greis, der von seiner Kindheit an blind ist: »Herr, heile mich, damit auch ich dich schaue!« Und siehe da, es fällt dem Blinden wie Schuppen von den Augen, und er sieht

Jesus. Das Volk weint und küsst die Erde, über die er dahinschreitet. Die Kinder streuen vor ihm Blumen auf den Weg, singen und rufen »Hosianna! Das ist er, das ist er selbst! Das muss er sein, niemand anders!« Er bleibt am Portal der Kathedrale von Sevilla stehen, gerade in dem Augenblick, in dem ein offener weißer Kindersarg unter Weinen und Wehklagen hineingetragen wird; darin liegt ein siebenjähriges Mädchen, die einzige Tochter eines angesehenen Bürgers. Das tote Kind ist ganz in Blumen gebettet. »Er wird dein Kind auferwecken«, ruft man der weinenden Mutter aus der Menge zu. Ein Priester der Kathedrale, der herauskommt, um den Sarg in Empfang zu nehmen, macht ein erstauntes Gesicht und zieht die Augenbrauen zusammen. Aber da ertönt das laute Schluchzen der Mutter des gestorbenen Kindes. Sie wirft sich Ihm zu Füßen. »Wenn du es bist, so erwecke mein Kind!«, ruft sie und streckt Ihm die Hände entgegen. Der Zug bleibt stehen, der Sarg wird am Portal zu seinen Füßen niedergestellt. Jesus blickt voll Mitleid auf die kleine Leiche, und seine Lippen sprechen wiederum die Worte: »Talitha kumi – Mägdlein, stehe auf!« Das Mädchen erhebt sich im Sarg …[20]

In diesem Augenblick geht plötzlich der Großinquisitor selbst über den Platz vor der Kathedrale, sieht, was geschehen ist, und als er erkennt, dass es sich tatsächlich um Jesus handelt, lässt er ihn festnehmen. Und in dieser Nacht führt er heimlich ein Gespräch mit ihm. Für das christliche Bewusstsein gibt es keinen verstörenderen Wortwechsel. Der Großinquisitor sagt zu Jesus: »Tun kannst du nichts mehr; was dir aufgetragen war, ist getan worden; was du sagen solltest, ist gesagt … Jetzt sind wir es, die das aufrechterhalten, was du gesagt hast. Du kannst nicht noch einmal mit Wundern ankommen, du kannst nicht noch einmal Leute zum Leben erwecken, jetzt gibt es eine Ordnung, und du bist ein Teil dieser Ordnung.«

Oft ist unsere Religiösität genau so. Wir sagen: Gott ist dies, Gott ist das. Und Gott muss sich anpassen und sich unterordnen. Und unser Leben lang sagen wir zu Gott: »Du darfst nicht«, »du kannst nicht«. Dies ist ein grundlegender Teil unserer Umkehr: im Grunde meines Selbst zu überprüfen, ob ich Raum dafür lasse, dass Gott weiterhin sprechen kann, dass Gott weiterhin da sein kann, dass Gott dahin gehen kann, wohin er will, und nicht dahin, wo ich meine, dass er hingehen soll …

In seiner viel kommentierten Ansprache im Konzentrationslager Auschwitz-Birkenau im Mai 2006 sagte Papst Benedikt XVI: »Wir können in

Gottes Geheimnis nicht hineinblicken – wir sehen nur Fragmente und vergreifen uns, wenn wir uns zum Richter … machen wollen. … Der Gott, dem wir glauben, ist ein Gott der Vernunft – einer Vernunft, die freilich nicht neutrale Mathematik (ist) … An diesem Ort versagen die Worte, kann eigentlich nur erschüttertes Schweigen stehen – Schweigen, das ein inwendiges Schreien zu Gott ist.«[21]

Um die Gegenwart des lebendigen Gottes zu respektieren, muss auch ich lebendig sein vor Gott. Denn dies ist die Kehrseite der Medaille … Wenn ich Gott als jemanden behandele – man verzeihe mir die Offenheit –, den ich an einem Bild festmache oder an irgendeiner vagen Idee, dann brauche auch ich nicht lebendig zu sein vor Gott. Und so gehen wir an Gott vorbei, zwar körperlich anwesend, aber ohne wirklich da zu sein. Wir lassen uns nicht auf ihn ein, bleiben unverbindlich …

Vielleicht brauchen wir bei unserem Gebet neue Worte. Wir brauchen sie auch darum, um den außergewöhnlichen Gebeten, die wir aus dem Schatz der Tradition geerbt haben, einen Sinn zu geben. Wir müssen der Gotteserfahrung in der heutigen Sprache neuen Ausdruck verleihen, in unseren Worten sagen, dass Gott der Weg ist, die Tür, das Schiff, der leuchtende Leitfaden, das fließende Wasser, das Kindergesicht, das reine Licht, dass Gott der Tag ist, der die Nacht durchbricht …

In traditionellen oder in zeitgenössischen Worten müssen wir imstande sein, eine lebendige Beziehung zu Gott aufrechtzuerhalten und uns vor Gott lebendig zu fühlen. Die Beziehung zu Gott ist eine lebendige Beziehung.

Es gibt nur ein Unglück – das Unglück, kein Heiliger zu sein

In ihrer Erzählung *Das Porträt Monikas*[22] erklärt Sophia de Mello Breyner, dass uns die Poesie einmal im Leben geschenkt wird, und wenn wir nein sagen, geht sie verloren. Die Liebe wird uns mehrmals geschenkt, aber wenn wir sie ablehnen, geht auch sie uns verloren. Doch die Heiligkeit wird uns jeden Tag als Möglichkeit geschenkt. Und wenn wir sie ablehnen, müssen wir sie an jedem einzelnen Tag unseres Lebens ablehnen, denn die Heiligkeit kommt täglich als Möglichkeit zu uns.

Wir haben jedoch aus der Heiligkeit etwas so Außergewöhnliches, Abstraktes und Unerreichbares gemacht, dass man fast nichts von ihr hört. In gewisser Weise haben wir uns daran gewöhnt, christliche Erfahrungen zu betrachten, als gäbe es sie in zwei Geschwindigkeiten: auf dem Heldenweg der Heiligen und auf dem unsicheren Pfad, auf dem alle anderen und erst recht wir selbst unterwegs sind. Diese Auffassung der Heiligkeit könnte nicht weiter von dem entfernt sein, was uns die christliche Tradition anbietet. Das Zweite Vatikanische Konzil zum Beispiel stellt klar: Die Heiligkeit ist eine allgemeine Berufung und schließt alle ein.[23] Aber es muss uns klar sein, wovon genau wir reden, wenn wir von der Heiligkeit sprechen.

Es würde uns gewiss genügen, die Seligpreisungen zu lesen. Jesus erklärt nicht, dass die anderen die Seligen sind, die, die nicht hier sind. Jesus blickt auf die Menschenmenge vor sich und spricht: »Selig sind die Armen«, »Selig sind die Bedrängten«, »Selig seid ihr Barmherzigen«. Was soll das heißen? Dass im Grunde unsere Armut, Schwachheit, Bedrängnis, unsere Sanftmut, unser Suchen und Dürsten die Substanz der Seligpreisung bilden, den Stoff der Heiligkeit ausmachen. In dem, was wir sind und tun, auf der ganz normalen Landkarte unseres Lebens, in der bescheidenen und manchmal eintönigen Geografie unseres Daseins, in der kleinen Geschichte, in der wir Tag für Tag die Hauptrolle spielen, da können wir Himmel und Erde verbinden. Als Christ von Heiligkeit zu sprechen, bedeutet heutzutage Folgendes: daran zu glauben, dass die Menschlichkeit des Menschen zum Wohnort des Göttlichen in Gott geworden ist.

Es ist wie in der Geschichte von der Hausfrau, die eine Sekte gründen wollte, da sie nicht hinter den anderen zurückstecken mochte; schließlich hatte sie tagtäglich das Schauspiel der Verbreitung der Sekten mitangesehen. Sie beschloss, eine Sekte zu gründen, in der sie und ihre Hausangestellte sozusagen die »Gurus« und die Propheten dieser neuen Mode waren. Und tatsächlich gewann die Sekte eine gewisse Bedeutung, und immer waren da die Hausfrau und die Hausangestellte, die Hausangestellte und die Hausfrau … Nach einiger Zeit wurde sie von Journalisten interviewt. Diese fragten:

»Sind Sie zufrieden?«

»Sehr, ich bin mit der Kirche, die ich gegründet habe, sehr zufrieden, und ich denke bereits daran, die nächste zu gründen!«

»Sie denken daran, die nächste zu gründen?«

»Ja, ich finde, es sollte eine Sekte geben, in der nur ich Prophetin bin.«

Zu sagen »Geheiligt werde dein Name« heißt, mit Gotteserfahrungen, die ganz klar selbstvergötternd und unzureichend sind, nicht konform zu gehen. Es bedeutet, dass man den Mut und die Kühnheit hat, zu sagen: »Gott soll in mir Gott sein. Lehre mich, Jünger zu sein, offen zu sein und zu lauschen, offen für den Heiligen Geist, das Wort anzunehmen, offen zu sein für das, was es in der Geschichte mit sich bringt. Dein Name, Gott, ist ein Nicht-Name; er ist eine tägliche Herausforderung an mich, auf deinen Namen zu lauschen – damit ich mich nicht innerlich verschließe in einem bequemen Reservoir von Gewissheiten, sondern frisch auf die Wege schaue, erwartete wie unerwartete, die du mir aufzeigst …«

Am Eingang eines Klosters aus dem 12. Jahrhundert in Toledo steht folgende Inschrift: »Es gibt keinen Weg, es sei denn, man geht ihn.« Zu sagen »Geheiligt werde dein Name« bedeutet somit, zu akzeptieren, dass wir Pilger im Namen Gottes sind … Es bedeutet, es zu machen wie Abraham, wie das ganze Gottesvolk, das auf der Pilgerschaft war im Namen und im Angesicht Gottes, es so zu machen wie Jesus, der »nichts hatte, wohin er sein Haupt legen konnte«, und so eine Geschichte der Heiligkeit zu verfassen, das ist alles.

»Seid also heilig, weil ich heilig bin« (Levitikus 11,45). Der Schriftsteller Léon Bloy sagt: »Es gibt nur ein Unglück, das Unglück, kein Heiliger zu sein.« Und wie Sophia de Mello Breyner bezeugt, wird uns die Heiligkeit als reelle Möglichkeit jeden Tag geschenkt: »Die Heiligkeit wird jedem Menschen jeden Tag aufs Neue geschenkt, daher müssen die, die sie ablehnen, sie jeden Tag aufs Neue ablehnen.« Auch der heilige Cyprian erklärt diese Passage aus dem Vaterunser als Herausforderung zu einer gelebten Heiligkeit. Er spornt uns mit diesen Worten an: »Bitten und flehen wir, dass wir das erhalten, was wir zu sein begonnen haben, da wir einmal in der Taufe geheiligt wurden. Bitten wir darum jeden Tag, denn jeden Tag brauchen wir die Heiligung … bitten wir darum, dass in uns diese Heiligung fortdauert.«[24]

Die Heiligkeit ist die höchste Zierde der Welt, diese Art und Weise Gottes, zu aller Zeit, in allen Breiten, in allen Kulturen gegenwärtig zu sein. Die Heiligkeit rettet die Welt: Sie gibt der Härte Nachgiebigkeit, eint Entzweites, befreit Gefangenes, gibt verzweifelten Herzen Hoffnung, gibt den Hungernden Brot, leidet mit den Weinenden und tanzt mit den Fröhlichen. Die Heiligkeit ist eine unsichtbare Furche, die aber alles in ihrer Umgebung deutlicher hervortreten lässt. Die Heiligkeit ist namenlos und kennt keine Prahlerei. Die Heiligkeit ist nicht heldenhaft: Sie findet ihren Ausdruck im Kleinen, im Alltäglichen, im Normalen. Die Sünde ist die Banalität des Bösen. Die Heiligkeit ist die Normalität des Guten. In folgendem Gedicht von Maria de Lourdes Belchior kommt dies zum Ausdruck:

Heute ist der Tag aller Heiligen:
derer mit Heiligenschein
und derer, die nicht kanonisiert wurden.

Der Tag aller Heiligen: derer, die heiter gelebt
haben und sanft,
ohne aufzufallen, und die am Ende
ihrer Zeit dem Lamm folgen werden.
Heute ist der Tag aller Heiligen:
heiliger Barbiere und
heiliger Köche, Fußballspieler und – wieso
nicht? – Kaufleute, Händler, Kupferschmiede
und Platzanweiser
(warum keine Platzanweiserinnen?
Wenn sogar öfter sie
dem Zuschauer den Weg weisen?)
Im Laufe der Jahrhunderte,
in der Stille der Nacht und in der Helle des
Tages waren sie deine Zeugen;
sagten sie Ja, ja und Nein, nein;
verschwendeten Worte,
wenige, redeten darum herum, schweiften ab.
Sie ahmten dich nach,
und in der Transparenz ihrer Taten
wurde man deines Bildes gewahr.
Mit Unternehmungsgeist und tapfer
oder schüchtern und sanft hielten sie dich
im Herzen,
betrachteten die Welt mit Liebe und die
Menschen als Brüder.
Aus dem Boden, den sie betraten,
spross die Hoffnung auf eine Zukunft

der Gerechtigkeit und Rettung
und ihre Gegenwart war schon fast nur noch Liebe.
Unzählbarer Festzug
von Männern und Frauen, die dir folgten und mit dir lebten auf bewundernswerte Weise:
Mit den Hungernden brachen sie ihr Brot
betrachteten mit Mitleid die Schmerzen der Welt und wurden wegen der Gerechtigkeit verfolgt.
Sie waren reinen Herzens und daher
quoll aus ihren Augen Reinheit
und von ihren Lippen
flossen Worte des Trostes.
Sie liebten dich und liebten die Welt.
Sie sangen dein Loblied und besangen die Schönheit der Schöpfung.
Und beweinten den Schmerz derer ohne Hoffnung.
Ihre Gesten der Empörung
und ihre prophetischen Worte
rissen lichte Horizonte auf.
Das sind sie, die dem Lamm folgen
denn sie kannten dich und erkannten dich
und empfingen von dir
die Gabe, der Welt die Gerechtigkeit und
die Rettung zu verkünden.

Zu sagen »Geheiligt werde dein Name« heißt, Gott zu sagen: Sei ganz, lass nicht zu, dass ich dich teile oder verkleinere, je nach Egoismus oder Laune … Sei, wie du bist, zeig dich in mir und überall, im Ganzen; offenbare dich in dem, was mir fremd und entgegengesetzt ist, in dem, was mir widerspricht. Befreie mich davon, eine Grenze deiner Liebe zu sein – damit deine Heiligkeit, o Herr, ein Stern sei, der uns den Weg zeigt, die Feuersäule, die uns voranschreitet, der Pfiff des Hirten, der uns ein Zeichen gibt … In unserer Niedrigkeit sind wir das Zelt, in dem Gott auf der Welt verweilt, und jeden Tag gehen wir an einen anderen Ort, in einer neuen Weise … So schreibt auch der heilige Augustinus: »Die Heiligung des Namens Gottes ist unsere Heiligung.« Die Glaubenden sind nicht die Ausführenden einer fremden Tat: Sie sind Diener und Reisende, Nomaden und liebende Pilger, Leser und Hörer, Anbetende, die mitbeteiligt sind …

Die Sehnsucht nach Gott leben lernen

»Dein Reich komme«

Über den Vaterunser-Vers »Dein Reich komme« sagt der heilige Augustinus etwas Bemerkenswertes und sehr Treffendes: »Wir bitten, dass sein Reich komme. Und es wird tatsächlich kommen, selbst wenn wir es nicht wollen. Doch wir bitten darum, dass wir es wollen, dass wir es ersehnen.« Ja, wirklich – das Christentum ist in seinem tiefsten Wesen eine Einübung in die Sehnsucht, eine Schule der Sehnsucht. In dieselbe Richtung zielt der Kommentar von Simone Weil: »Dieses Reich Gottes ist die völlige Erfüllung der ganzen Seele aller vernunftbegabten Geschöpfe durch den Heiligen Geist. Der Geist weht, wo er will. Man kann ihn nur rufen. … ihn schlicht und einfach rufen; der Gedanke an ihn sei ein Ruf und ein Schrei.«[25]

Manchmal befürchte ich, dass wir uns ein zu starres Bild des Christentums zurechtlegen, in dem alles seinen Platz hat, mit einem tadellosen Organigramm, wie eine gut geölte Maschine, jedoch ohne Horizont, als wären wir (man verzeihe mir diesen Vergleich) eine Abteilung für Landkarten und Reiseführer und keine Gruppe von Kundschaftern, Bergsteigern, Seeleuten und Reisenden.

Ich denke oft an das, was Françoise Dolto in der Einleitung zu ihrer psychoanalytischen Lektüre der Evangelien schreibt. Jahrelang betrachtete sie die heiligen Texte nur als historische oder moralische Dokumente. Und tatsächlich behandelten sie das Leben in all seiner Konkretheit nur oberflächlich. Der Wendepunkt kam, als sie verstand, dass die Heilige Schrift eine »Schule der Sehnsucht« ist, da sie in unserem Innersten »einen Wahrheitseffekt« hervorrufen, der uns in die Freiheit und in die Liebe einüben kann.

Tatsächlich ist es nicht das an einem Tag gespeicherte Wissen, das uns als Landkarte dienen kann, sondern das Meditieren über das Sich-Ereignen. Wir sind dazu aufgerufen, zu pilgern, die Tiefe der Bewegung auszuloten, um durch unermüdliche Veränderung das Beständige zu erahnen. Unser Blick akzeptiert nicht immer, dass er arm und beschränkt ist, aber akzeptiert er dies erst einmal, kann er endlich das verstehen, was in einem Gedicht von Rainer Maria Rilke und auch anderswo vielfach ausgedrückt wird: »Denn Armut ist ein großer Glanz aus Innen …« Von großer Weisheit geprägt sind die Worte aus dem Werk *Aufstieg zum Berg Karmel* des Mystikers Johannes vom Kreuz:

Willst du alles genießen, dann suche in nichts den Genuss.
Willst du alles besitzen, dann nenne nichts dein Eigen.
Willst du groß werden, dann suche, nichts zu sein.
Willst du alles wissen, dann suche, in nichts etwas zu wissen.
Willst du zu dem kommen, wonach du dich sehnst, dann geh dorthin, wo du keinen Genuss findest.
Willst du erfahren, was du nicht weißt, dann geh dorthin, wo du unwissend bist.
Willst du erlangen, was du nicht besitzt, dann geh dorthin, wo dir alles fehlt.
Willst du werden, was du nicht bist, dann geh dorthin, wo du nichts bist.

Über das Buch hinausgehen

Das Christentum vollzieht einen grundlegenden Wandel im religiösen Universum. Es ist keine Religion des Buches mehr, sondern die Religion eines Menschen, die Religion, die aus einem Menschen entsteht und um einen Menschen kreist. Der Evangelist Lukas sagt dies ganz deutlich, als sähen wir einen Film:

> Er kam nach Nazaret, wo er aufgewachsen war. Nach seiner Gewohnheit ging er am Sabbat in die Synagoge und stand auf, um vorzulesen. Es wurde ihm das Buch des Propheten Jesaja gereicht. Er öffnete das Buch und fand die Stelle, wo geschrieben stand: *Der Geist des Herrn ruht auf mir, weil er mich gesalbt hat. Er hat mich gesandt, den Armen frohe Botschaft zu bringen, den Gefangenen Befreiung zu verkünden und den Blinden das Augenlicht, die Zerschlagenen in Freiheit zu entlassen, auszurufen ein Gnadenjahr des Herrn.* Nachdem er das Buch zusammengerollt hatte, gab er es dem Diener zurück und setzte sich. Die Augen aller in der Synagoge waren auf ihn gerichtet. Da begann er, zu ihnen zu sprechen: Heute ist dieses Schriftwort vor eueren Ohren erfüllt worden. (Lukas 4,16–21)

Jesus nimmt das Buch und liest einen der Texte über die Sendung des Messias, in der Fassung des Propheten Jesaja. Ein Text, der an zentraler Stelle stand und durch Generationen mit der hoffnungsvollen Frage verbunden war: »Wann wird der kommen, der den Armen die frohe Botschaft bringt, der die gebrochenen Herzen heilt, der ein Jahr der Gnade ausruft, ein Jahr der Wunder des Herrn?«

Jesus liest vor, rollt das Buch zusammen und gibt es zurück. In diesem Moment geht Jesus auf symbolische, aber reale Weise über das Buch hinaus und setzt sich. Wenn Jesus im Sitzen spricht, wird sein Tonfall besonders ernst. Jesus setzt sich also. Er sitzt dort als Meister, in seiner ganzen Autorität als Messias. Und er sagt: »Heute hat sich vor euren Augen die Schrift erfüllt.« Und er beginnt zu ihnen zu sprechen. Das ist der Übergang vom Buch zum Menschen. Mit Jesus von Nazaret ist eine neue Stufe erreicht. Die Zeiten der Prophezeiungen haben ein Ende gefunden, denn wir haben den Gegenstand aller Prophezeiungen unter uns, den Messias. Die Zeiten, in denen das Wirken Gottes lediglich im Futur angekündigt wurde (»wenn der Messias kommt, wenn seine Zeit gekommen ist«), haben ein Ende gefunden, denn in Jesus kam das Heute, das Jetzt der Rettung durch Gott. Das Leben nach Ankündigungen ist zu Ende, denn der Angekündigte ist hier. Das lange Warten ist zu Ende, denn der Erwartete ist hier. Das Mysterium der Menschwerdung lässt uns glauben, dass das Erbarmen Gottes in der Geschichte der Menschheit nicht mehr in den Zeilen eines Buches gefangen, sondern lebendig geworden ist, eine Existenz, eine handelnde Gegenwart, ein Hier und Jetzt, in dem Gott gegenwärtig wird. Nicht zufällig war die erste Verkündigung Jesu: »Das Reich Gottes ist nahe« oder »Das Reich Gottes ist zu euch gekommen«.

Was ist das Reich Gottes?

Das Reich Gottes wird nicht begrifflich beschrieben, sondern erzählerisch. Wir können sagen, dass es von Jesus untrennbar ist, vom *Jetzt* der Rettung durch Gott, vom *Überfließen* seiner Gnade in die Geschichte. Es ist untrennbar von diesem *Aufbrechen* der Geschichte für die Armen und Unglücklichen, von diesem *Balsam* für die gebrochenen Herzen, von diesem *Wort* der Ermunterung für die Hoffnungslosen, davon, dass das Leben konkreter Menschen in die *Nähe* der Möglichkeit der Rettung durch Gott kommt. Wo Jesus Christus kam, kam das Reich Gottes. Wo Jesus Christus war, wurde das Reich Gottes sichtbar. Wenn die Menschen Jesus berührten, berührten sie das Reich Gottes, wenn sie ihn sahen, sahen sie es. Wenn sie seine Gleichnisse hörten, hörten sie die glaubwürdige Sprache des Reiches Gottes. Jesus lebte sein Leben als außergewöhnliche Verkündigung des Reiches Gottes. Das Reich Gottes deckt sich mit der Gegenwart Jesu und mit den außerordentlichen Auswirkungen, die diese Ankunft im Leben so vieler Menschen hatte.

Menschen, die sich für leblos hielten, für verloren, in einer verworrenen Existenz, die sie selbst nicht entwirren konnten – in Jesus Christus begegnete ihnen die Möglichkeit zu einem neuen Leben. Denken wir an Maria Magdalena, die Jesus von sieben Dämonen befreit. Wir haben gar keine Vorstellung, was es bedeutet, von sieben Dämonen besessen zu sein … Man stelle sich nur vor, was dies innerlich für eine völlige Zersplitterung, für eine Spaltung sein muss, welche Unmöglichkeit, zu sich selbst zu finden. Und tatsächlich findet sich diese von allen abgewiesene Frau, die sich selbst aufgegeben hat, in Jesus Christus, und in ihm findet sie den Wunsch zu leben wieder. Denken wir an die Jünger, die sicherlich schon viel über Gott wussten, die aber durch Jesus Christus hören, was sie noch nicht wussten. Sie konnten wohl mit ihren Booten über den See von Galiläa fahren, doch sie konnten nicht über das Wasser gehen; sie konnten wohl Brot sammeln und es brechen, aber sie konnten es nicht vermehren, sie wussten nicht, dass das Brot auch einen inneren Hunger stillen kann, einen Hunger des Herzens.

Denken wir an die Sünder, auf die man mit dem Finger zeigte und von denen man sagte: »Für die gibt es keine Erlösung.« Wie überrascht war Zachäus, als er vom Baum stieg, um Jesus in seinem Haus willkommen zu heißen. Oder wie überrascht verließ Levi seine Zollstelle, um Jünger des Herrn zu werden ... Dies ist das gegenwärtige Reich Gottes. Dies ist das sich vollziehende Reich Gottes: ein Reich ohne Grenzen, das sich nicht nach menschlicher Logik richtet, sondern kommt in einem Sturzbach göttlicher Liebe, der anschwillt wie eine Flut, die alle und alles überschwemmen will.

»Das Reich Gottes ist schon mitten unter euch.« Wir sollen nicht sagen: Es ist hier oder dort. Das Reich Gottes ist als eine Wirklichkeit an sich gegenwärtig. Das Reich Gottes hängt nur von Gott ab und nicht von unserem Versuch, es einzugrenzen, zu beschränken, zu trennen. »Als er von den Pharisäern gefragt wurde, wann das Reich Gottes komme, antwortete er ihnen: Das Reich Gottes kommt nicht so, dass man es berechnen könnte. Auch kann man nicht sagen: Seht, hier! oder: Dort! Denn das Reich Gottes ist (schon) mitten unter euch« (Lukas 17,20–21).

Das ist die große Verkündigung Jesu: »Das Reich Gottes ist mitten unter euch!« Es ist in uns, mitten auf der Welt, im Inneren der Geschichte als Samenkorn ... Das ist der wunderbare Schatz, den es zu entdecken gilt. Gott ist schon gegenwärtig! Und wir müssen für diese Gegenwart empfänglich werden. Das Reich Gottes ist schon eine Wirklichkeit, ist schon ein Keim, der aufgeht ... Und wenn es wahr ist, dass das Reich Gottes auch eine eschatologische Realität darstellt, eine künftige Wirklichkeit, etwas, das erst noch in seiner Fülle eintreffen muss, so ist doch auch wahr: Obwohl ich weiß, dass es etwas Künftiges ist, ist das Reich Gottes schon jetzt eine Realität in meinem heutigen Leben. Heute und jetzt ist mein Leben vom Reich Gottes umfangen. »Er sagte: Mit dem Reich Gottes ist es so, wie wenn ein Mann Samen auf den Acker sät und dann schlafen geht und wieder aufsteht, Nacht und Tag, und der Samen geht auf, keimt und wächst empor und er weiß nicht wie« (Markus 4,26–27).

Schon die mittelalterlichen Alchimisten pflegten zu sagen: »Ohne ein Körnchen Gold kann man kein Gold herstellen.« Ohne ein Körnchen Reich Gottes können wir das Reich Gottes nicht errichten, können wir es nicht erbitten, können wir es nicht erwarten. Das Reich Gottes ist im Grunde genommen die Zusammenfassung all unserer Hoffnung. Es ist diese Realität Gottes, die sich geheimnisvoll mit unseren innersten Hoffnungen verwebt. Denn im Reich Gottes erleben wir die Fülle, die Verwirklichung der Liebe Gottes. Es genügt uns das Reich Gottes, alles andere ist Beiwerk. Und relativ …

»Das Gesetz und die Propheten galten bis zu Johannes. Von da an wird das Evangelium vom Reich Gottes verkündet und jeder drängt sich mit Gewalt hinein« (Lukas 16,16). Das Reich ist ein Geschenk – »Fürchte dich nicht, du kleine Herde; denn es hat euerem Vater gefallen, euch das Reich zu geben« (Lukas 12,32) –, es ist aber auch eine Aufgabe, ein Bemühen, das eine friedliche, aber aktive Gewaltanwendung erfordert. Dies ist bestimmt keine Gewalt des Schwertes oder des Streites, die Samenkörner des Bösen sind. Diese Gewalt, von der Jesus spricht, bedeutet, dass das Reich Gottes in uns eine Kraft sein soll. Um das Reich Gottes Stein für Stein aufzubauen, brauchen wir Energie. Das Reich Gottes ereignet sich nicht in der Passivität …

Wir sollen bitten: »Dein Reich komme, Herr! Damit dein Reich über allen unseren Wintern, über all unserer Unfruchtbarkeit, unseren Wüstenlandschaften, unserem Versagen und Ermüden ein kraftvoller Frühling sei, ein Aufkeimen des Lebens.« Und wirklich sind unsere Kräfte, unsere Kreativität, unser Atem das Unterpfand unseres Engagements für das Reich Gottes … Diesen sanften Aufruhr brauchen wir Tag für Tag. Wenn wir nicht das Reich Gottes aufbauen, bauen wir stattdessen unser eigenes Reich auf. Wir müssen ein Ja sagen, das »ja«

bedeutet, und ein Nein, das »nein« bedeutet. Das Reich Gottes braucht diese Energie. Es ist nichts Fertiges, es ist im Aufbau, im Werden.

Das Reich Gottes verlangt von uns das ganze Leben. Jeden einzelnen Augenblick, all unsere Kraft. Das Reich Gottes fordert unsere Energie, unseren Schweiß. Es verlangt nichts *von* uns, es verlangt *uns*. Das Reich Gottes will, dass wir präsent sind. Aber zugleich sollen wir nicht vergessen, dass das Reich Gottes nicht uns gehört. Der Aufbau des Reiches Gottes nimmt uns in Anspruch und geht über uns hinaus. Wir sind Wärter des Reiches und nicht seine Eigentümer. Wir verkünden das Reich, wir besitzen es nicht.

»Dein Reich komme.« Jesus ist bereits gekommen, er hat bereits gelebt, er hat sich schon gezeigt, er hat schon in den Herzen der Menschen gewirkt. Auch heute noch kommt er, ist gegenwärtig, spricht noch zu den Herzen der Menschen, durch seine Kirche, lebendig durch den Heiligen Geist des Auferstandenen. Die Kirche ist das Sakrament Christi. Die Kirche ist mit dem Geheimnis der Menschwerdung des Herrn verbunden, die noch nicht beendet ist. Pascal sagt: »Das Mysterium des Leidens Christi dauert fort bis zum Ende der Zeiten.« Aber wir können auch sagen: Das Geheimnis der Menschwerdung des Herrn ist immer aktuell bis ans Ende der Zeiten. Die Sendung Jesu schreibt sich fort durch uns.

Das Reich Gottes zu erbitten heißt, zu bitten, dass der Name, den wir tragen, der Name Christ oder Christin, tatsächlich die Lebendigkeit Christi in sich trägt und dass wir fühlen, dass wir am Geheimnis Christi teilhaben. Wir sind gesalbt, damit wir dieses Reich mitten in der Welt gegenwärtig machen: das Reich der Gerechtigkeit und des Friedens, das Reich der Freude und der Hoffnung, das Reich der Vergebung und der Liebe, das Reich des Festes, das Reich der Versöhnung.

Es gibt ein Gedicht von Sophia de Mello Breyner Andresen, das man lesen kann wie ein Gebet:

> Ich rufe dich, denn alles ist noch am Anfang
> und Aushalten dauert eine lange Zeit.
>
> Ich bitte dich, komm und entlass mich in Freiheit,
> dass nur einer deiner Blicke mich reinigt und vollendet.
>
> Es gibt vieles, was ich nicht sehen will.
>
> Ich bitte dich, sei Gegenwart.
> Ich bitte dich, überflute alles.
> Dass dein Reich vor der Zeit komme
> und sich über die Welt ergieße.

Wir haben noch eine Kindheit in uns, die wir erleben können

»Dein Wille geschehe, wie im Himmel, so auf Erden«

Das erste Mal erscheint der Ausdruck »es werde« gleich am Anfang der Bibel: »Es geschehe«, »es werde« (Genesis 1,1–31). Dieses Wort wird von Gott selbst gesprochen. Er sprach: »Es werde Licht«, und es wurde Licht. Und Gott sah, dass das Licht gut war, und Gott schied zwischen dem Licht und der Finsternis ... Gott nannte das Licht Tag und die Finsternis Nacht: ... erster Tag. Nun sprach Gott: »Es sollen Leuchten werden am Gewölbe des Himmels«, und es entstanden die Gestirne. Und so weiter.

Hinter jedem Schöpfungsakt steht das »Es werde« Gottes, Gottes »Ja«. Von den Gräsern auf der Wiese bis zum einsamen Berg, vom starken Tier zum Wolkenfetzen, vom ersten Sonnenstrahl der Morgendämmerung bis zur finsteren Nacht gibt es nichts, was nicht die erstaunliche Folge des »Ja« des Schöpfers wäre. Hinter jeder Kreatur können wir die Melodie des liebevollen Rufes Gottes hören. Zu Recht verspürte Franz von Assisi eine universelle Brüderlichkeit und nannte Wasser, Sonne, Regen und Feuer seine Schwestern und Brüder.

Denken wir näher darüber nach, muss man die Schöpfung voller Ehrfurcht betrachten. Überall spürt man die außergewöhnliche Gegenwart Gottes. So fühlen wir mit dem Dichter Walt Whitman:

> Ich glaube, ein Grashalm ist nicht geringer als das Tagwerk der Sterne,
> …
> Und die Baumkröte ist ein Meisterstück vor dem Höchsten,
> …
> Und eine Maus ist Wunders genug, um Sextillionen von Ungläubigen wankend zu machen.[26]

Saint-Exupéry erklärt uns: »Es macht die Wüste schön, dass sie irgendwo einen Brunnen birgt.« Was macht denn uns schön und alles um uns herum? Dieses Geheimnis, das das Leben birgt: das Pulsieren Gottes, seine stetige Veränderung. Wenn wir das verstehen, glauben wir für immer daran, dass die Schöpfung die große Kathedrale Gottes ist! Sie ist der große Tempel Gottes, ein natürliches Heiligtum, in dem Gott wahrhaft gegenwärtig ist. Alles ist »es werde«, alles ist eine Epiphanie seines Willens.

Sie ist, wie Teilhard de Chardin in seinem faszinierenden spirituellen Testament *Messe über die Welt* schreibt:

Herr, da ich wieder einmal, nicht mehr in den Wäldern der Aisne, sondern in den Steppen Asiens, weder Brot, noch Wein, noch Altar habe, will ich mich über die Symbole bis zur reinen Majestät des Wirklichen erheben und Dir, als Dein Priester, auf dem Altar der ganzen Erde die Arbeit und die Mühsal der Welt darbringen.
Die Sonne erhellt gerade dort hinten den äußersten Zipfel des ersten Aufgangs. Wieder einmal erwacht in dem sich bewegenden Feld ihrer Lichter die lebende Oberfläche der Erde, sie erzittert und beginnt ihre erschreckende Mühe. Ich lege auf meine Patene, mein Gott, die erwartete Ernte dieses neuen Bemühens. Ich gieße in meinen Kelch den Saft all der Früchte, die heute zermalmt werden.
Mein Kelch und meine Patene sind die Tiefen einer Seele, die allen Kräften weit geöffnet ist, die in einem Augenblick sich von allen Punkten des Erdballs erheben und zum Geist konvergieren werden. – Kommt also zu mir, Erinnerung und mystische Gegenwart derer, die das Licht zu einem neuen Tage erweckt! …
Ehedem schleppte man in Deinen Tempel die Erstlinge der Ernten und die besten Stücke der Herden. Das Opfer, das Du wirklich erwartest, das Opfer, dessen Du in geheimnis-

voller Weise jeden Tag bedarfst, um Deinen Hunger, Deinen Durst zu stillen, ist nichts weniger als das Wachsen der Welt, die vom universellen Werden mitgerissen wird.

Empfange, Herr, diese totale Hostie, die die von Deiner Anziehung bewegte Schöpfung Dir im neuen Sonnenaufgang darbietet. Dieses Brot unseres Mühens, ist aus sich selbst, ich weiß es, nur ein unermesslicher Zerfall. Dieser Wein, unser Schmerz, ist erst, leider, nur ein auflösender Trank. Doch in der Tiefe dieser unförmigen Masse hast Du – dessen bin ich mir sicher, weil ich es fühle – ein unwiderstehliches und heiligendes Verlangen gelegt, das uns alle, vom Ungläubigen bis zum Gläubigen, schreien lässt: »Herr mache uns eins!«[27]

Der unendliche Tanz der Schöpfung

Die Sprache der Dichtung, die die Schöpfungsgeschichte ist, wird plötzlich getragener, wenn es um den Menschen geht. Statt »Es werde« sagt Gott: »Lasst uns machen«, benutzt einen geheimnisvollen Plural. »Lasst uns den Menschen machen nach unserem Bild, uns ähnlich …« (Genesis 1,26). Und daraus sind wir entstanden, auf welche Weise, das wissen wir nicht, es mag Aufgabe der Wissenschaft sein, dies zu erklären, auch wenn sich das Rätsel schwer lösen lässt. Auf welche Weise wir auch immer auf der Erde erschienen sein mögen – wichtig für das Glaubenswissen ist, dass am Anfang das »Es werde« Gottes steht. Wir existieren dank dieses »Ja«.

Die Menschwerdung Jesu Christi war die zweite Schöpfung, wie die Kirchenväter noch einmal betonen, eine wahrhafte Neuschöpfung der Landschaft der Welt und des Menschen. Die Welt ist nicht mehr nur der ursprüngliche Kosmos, sondern eine erlöste Welt. Wir sind nicht bloße Abkömmlinge Adams. »Siehe, ich mache alles neu«, sagt der, der auf dem Throne sitzt (Offenbarung 21,5). »Ihr alle seid also durch den Glauben Söhne Gottes in Christus Jesus. Denn ihr alle, die ihr auf Christus getauft seid, habt Christus angezogen. Da gibt es nicht mehr Juden und Griechen, Sklaven und Freie, da gibt es nicht Mann und Frau. Denn ihr alle seid einer in Christus Jesus« (Galater 3,26–28). Das Geheimnis dieser zweiten Schöpfung der Welt hängt auch von verschiedenen »Es werde« ab. Wir haben zum Beispiel das »Fiat« Marias, die sagt: »Ich bin die Magd des Herrn; mir geschehe nach deinem Wort« (Lukas 1,38). Die Bereitschaft Marias ermöglichte das Geheimnis der Menschwerdung und einte sie auf untrennbare Weise, wie eine nahtloses Gewand, mit dem heilbringenden Geheimnis ihres eigenen Sohnes. Das

Leben Marias kann man ansehen als in zwei Teile geteilt: das Vorher und das Nachher dieses Wortes. Der Wendepunkt ihres Lebens war dieses »Es werde in mir, was dein Wille ist«.

Und natürlich haben wir das ständige »Es werde« Jesu. Er bekennt seinen Jüngern: »Meine Speise ist es, den Willen dessen zu tun, der mich gesandt hat, und sein Werk zu Ende zu führen« (Johannes 4,34). Eben im Moment der Erfüllung, vor den Toren seines Ostern, haben wir das entscheidende »Es werde« Jesu:

> Dann ging er ein wenig weiter, warf sich auf sein Angesicht nieder und betete: Mein Vater, wenn es möglich ist, so gehe dieser Kelch an mir vorüber. Doch nicht wie ich will, sondern wie du willst. Und er kam zu den Jüngern zurück und fand sie schlafend. Da sagte er zu Petrus: So konntet ihr nicht eine Stunde mit mir wachen? Wacht und betet, damit ihr nicht in Versuchung fallt! Der Geist ist zwar willig, das Fleisch aber schwach. Wiederum ging er weg, zum zweiten Mal, und betete: Mein Vater, wenn dieser Kelch nicht an mir vorübergehen kann, ohne dass ich ihn trinke, so geschehe dein Wille. (Matthäus 26,39–42)

In der wunderschönen Meditation zu dieser Episode, die im Hebräerbrief steht, heißt es:

> Darum spricht Christus bei seinem Eintritt in die Welt: Opfer und Gaben hast du nicht gewollt, einen Leib aber hast du mir bereitet; an Brandopfern und Sündopfern hast du kein Gefallen. Da sagte ich: Siehe, ich komme – so steht in der Buchrolle von mir geschrieben –, deinen Willen, Gott, zu tun.« (Hebräer 10,5–7)

Aber der Tanz der Schöpfung dauert an. Jeden Tag, wenn wir das Vaterunser beten, haben auch wir Gelegenheit, unser »Fiat« zu sagen. Wir brauchen das auch unbedingt. So schreibt ebenfalls der Autor des Hebräerbriefes: »Ihr braucht ja Ausdauer, damit ihr den Willen Gottes erfüllt und so die Verheißung erlangt« (Hebräer 10,36–37). Lässt sich unser Leben vielleicht auch in ein Vorher und Nachher dieses »Es werde« einteilen? Und wenn wir nur einen einzigen Tag ins Auge fassen – kann man vielleicht deutlich voneinander unterscheiden, wie unser Tag war, bevor wir das Vaterunser gebetet haben, und was nachher geschah?

Und tatsächlich nehmen wir uns hier so einiges vor. Abbé Pierre schreibt an dieser Stelle seines Kommentars zum Vaterunser ungefähr Folgendes:

> Nur jemand, der völlig den Kopf verloren hat, kann so etwas sagen. Denn es bedeutet, die Trümpfe aus der Hand zu geben, seine eigene Kraft aufs Spiel zu setzen; es bedeutet, Tür und Tor einem Sturmwind zu öffnen, der alles durcheinanderwirbelt; es bedeutet, einem Ausgehungerten, nämlich Gott, ein Festmahl anzubieten, einem, der hungert nach Liebe. Zu sagen »Es werde« bedeutet, Tür und Tor unseres Lebens jemandem zu öffnen, der alles will. Der Glaube hat Dimensionen, die Vernunft und gesunden Menschenverstand völlig beiseitelassen.

Der Wille Gottes erfüllt sich nicht ohne uns. Es gibt eine Akzeptanz, es gibt das Wagnis des Glaubens, das von unserer Freiheit abhängt. Wir müssen aus ganzem Willen sagen: »Dein Wille geschehe«. Das Gebet ist immer ein Sich-Verschwören, dass etwas geschehen möge. Wir hatten die erste Schöpfung, wir hatten die zweite Schöpfung mit der Erlösung durch den Herrn. Und heute findet zweifellos eine neue Schöpfung statt. Heute vollzieht sich im Heiligen Geist eine neue Schöpfung. Die Welt ist dieselbe, weil wir es so wollen. Gott gibt uns alles, damit wir die Welt unendlich neu erschaffen, und damit beginnen, was uns am nächsten liegt. Gott öffnet durch unsere Mitwirkung bei seinem Willen neue Türen in dieser Welt. So wie Maria, die mit ihrer Bereitschaft Gott in der Geschichte der Menschheit unübersehbar konkret werden ließ, so ist es an uns, Gott konkret werden zu lassen, ihn ans Licht zu bringen, ihn zu »präsentieren«, ihn von Neuem zu vergegenwärtigen. Wir hängen zu oft an Altem, an dem alten Menschen, wie der Apostel Paulus es ausdrückt, der »in uns lebt«. Wir vergessen, dass »die Schöpfung sehnsüchtig auf das Offenbarwerden der Söhne Gottes wartet« (Römer 8,19).

Was ist der Wille Gottes? Der Wille Gottes ist die Liebe. Unsere einzige Pflicht ist die Liebe. Und wenn wir sagen: »Dein Wille geschehe«, wissen wir schon vorher, dass das heißt: »Die Liebe soll geschehen, verwirklicht und neu erschaffen werden.« In diesem Sinne ist Paulus von Tarsus jemand, der aus dem Rahmen fällt (kulturell, epochal …). Er, der im jüdischen Gesetz ausgebildet worden war und für den eine rigorose und unerbittliche Erfüllung der Gesetze eine große Bedeutung hatte, verliert völlig den Boden (zumindest diesen Boden) unter den Füßen, als er Jesus Christus entdeckt. Wir können ihn nicht begleiten, ohne uns der Unglaublichkeit seiner Interpretation des christlichen Ereignisses bewusst zu werden. So leitet er das Hohelied der Liebe im 13. Kapitel des 1. Korintherbriefes mit folgenden Worten ein: »Nun zeige ich euch noch einen Weg, weit darüber hinaus.« Und tatsächlich ist jeder Christ dazu aufgerufen, ein Faktor des »Darüber hinaus« in der Welt zu werden. Der Text des Paulus dient uns als Orientierung:

> Wenn ich mit Menschen-, ja mit Engelszungen redete, hätte aber die Liebe nicht, so wäre ich tönendes Erz oder eine gellende Schelle. Und wenn ich die Prophetengabe hätte und alle Geheimnisse wüsste und alle Erkenntnis und wenn ich allen Glauben hätte, so dass ich Berge versetzen könnte, hätte aber die Liebe nicht, so wäre ich nichts. Und wenn ich alle meine Habe verschenkte und wenn ich meinen Leib zum Verbrennen hingäbe, hätte aber die Liebe nicht, so nützte es mir nichts. Die Liebe ist langmütig, gütig ist die Liebe, sie ist nicht eifersüchtig, die Liebe prahlt nicht, sie bläht sich nicht auf. Sie handelt nicht taktlos, sie sucht nicht den eigenen Vorteil, sie lässt sich nicht erbittern, sie trägt das Böse nicht nach. Sie freut sich nicht

über das Unrecht, freut sich vielmehr mit an der Wahrheit. Alles deckt sie zu, alles glaubt sie, alles hofft sie, alles duldet sie.
Die Liebe hört niemals auf. Prophetisches Reden nimmt einmal ein Ende, Zungenrede verstummt, Erkenntnis vergeht. Denn Stückwerk ist unser Erkennen und Stückwerk unser Prophezeien. Wenn aber das Vollendete kommt, dann wird das Stückwerk abgetan. Als ich ein Kind war, redete ich wie ein Kind, dachte wie ein Kind, urteilte wie ein Kind. Als ich ein Mann wurde, legte ich ab, was kindlich (an mir) war. Jetzt sehen wir in einem Spiegel alles rätselhaft, dann aber von Angesicht zu Angesicht. Jetzt erkenne ich stückweise, dann aber werde ich ganz erkennen, so wie auch ich ganz erkannt worden bin. Jetzt bleiben Glaube, Hoffnung, Liebe, diese drei; doch am größten unter ihnen ist die Liebe.

Eine orientalische Geschichte erzählt Folgendes: »Ein Schüler geht traurig zu seinem Meditationslehrer, und nahe daran, aufzugeben, bekennt er ihm: ›Meine Meditationspraxis taugt nichts! Entweder werde ich abgelenkt, oder die Beine tun mir weh, oder ich schlafe ein.‹ – ›Das geht vorüber‹, sagte der Meister sanft. Eine Woche später kommt derselbe Schüler wieder zum Meister, diesmal ganz euphorisch: ›Meine Meditationspraxis ist unglaublich geworden! Ich fühle mich aufmerksam und von Frieden erfüllt. Es ist einfach unglaublich.‹ Der Meister antwortet mit derselben Ruhe: ›Auch das geht vorüber.‹«

Der Apostel Paulus radikalisiert dies: »Alles geht vorüber.« Außer der Liebe, der *agape*. Daher muss diese Liebe zum Programm gemacht werden, zur Priorität, zu etwas Dringlichem – eine Liebe, die uns dazu auffordert zu lieben, nicht mit unserem Herzen, sondern mit dem Herzen Gottes. Wenn unser Wille sich dem Willen Gottes öffnet, wird die Liebe zur stillen Sinfonie des Lebens, ihr bescheidener und verschwenderischer Duft wird zu seinem Parfum. Und das sogar in dem Wissen, dass die wahre Liebe kreuzigend ist. Als Liebende häufen wir keine Reichtümer an, werden sicherlich ärmer, werden wir früher alt, verbrauchen und verlieren wir uns. Das Maß der Liebe ist, sich maßlos hinzugeben. Es ist widersinnig zu denken, die Liebe hätte einen Stundenplan, Schichtdienst oder einen Kundenschalter. Wer liebt, lebt in wacher Aufmerksamkeit, hat Antennen, Sensoren, Augen, die sich nicht an die Nicht-Liebe gewöhnen oder sich gar mit ihr abfinden. So, wie Fernando Pessoa sagt: »Traurig, wer zufrieden ist.«

Wir können das, wir können mutig sagen: »Dein Wille geschehe, wie im Himmel, so auf Erden«, denn Gott gibt uns ein überfließendes Maß an Liebe mit. Und er wiederholt für uns: »Liebe mich, so wie du bist, in jedem Augenblick und in der Lage, in der du dich befindest, in glühender Begeisterung oder bei kühlem Verstand, in Treue oder Untreue. Wenn du darauf wartest, vollkommen zu werden, um dann erst zu beginnen, mich zu lieben, wirst du mich nie lieben. Es gibt nur eines, was ich dir nicht erlaube, nämlich mich nicht zu lieben. Liebe mich, so wie du bist. Ich will dein zerrissenes Herz, deinen bedürftigen Blick, deine leeren und armseligen Hände. Ich liebe dich bis zum Grunde deiner Schwachheit. Ich liebe die Liebe der Armen. Ich möchte im Grunde deiner Armut Liebe und nur Liebe wachsen sehen. Wenn du darauf wartest, erst vollkommen zu werden, um mich lieben zu können, wirst du mich nie lieben. Liebe mich wie du bist!« …

»Dein Wille geschehe, Herr«: Damit ich arm in seinen Händen sei, damit ich keine Angst vor meinem zerrissenen Herz, keine Angst vor meinem bedürftigen Blick, vor meinen leeren und armseligen Stunden habe, damit ich auf die Liebe vertraue, damit ich »in der Liebe drinnen lebe, bis es nur noch möglich ist, alles zu lieben, / und es möglich ist, alles in der Liebe wiederzufinden« (Herberto Helder).

Wir haben noch eine Kindheit in uns, die wir erleben können

Betrachten wir die Weihnachtsgeschichte – selbst in der nüchternen Weise, wie sie das Evangelium erzählt – verstehen wir, dass sie wenig Romantisches hat. Was ihre Protagonisten erleben, ist eine Geschichte der Instabilität, der Verwirrung und des Zwiespalts. »Was ist nur mit uns geschehen?« – so werden sich Maria und Josef wiederholt gefragt haben, und ebenso auch die Hirten, die vor Schreck erwachten, oder die Könige, die von weit her kamen. »Was ist nur mit uns geschehen?« Und sie hatten keine beruhigenden Antworten parat (wie auch wir sie nicht haben), sondern sie hatten einen Weg vor sich, der ihnen unerwartet aufgezeigt wurde, in geduldiger Reife und im Vertrauen. Allein schon der Ort, wo sich die Szene abspielt – ein mehr als bescheidener Unterstand für die Tiere – zeigt deutlich die unerbittliche Härte der Umstände. Aber wie sonst könnte diese göttliche Geschichte als Vorbild für alle menschlichen Geschichten dienen?!

Das Weihnachten Jesu, das Mysterium seiner Menschwerdung, gestaltet die *conditio humana* radikal neu, denn es verleiht ihr erfindungsreiche Möglichkeiten. Wir sind daran gewöhnt, im unentrinnbaren Kreislauf der Jahreszeiten – Frühling, Sommer, Herbst und Winter – das Modell des Lebens selbst zu sehen. Wir dachten, wir seien, jedes Mal mehr, einem Frühling oder einem Sommer nahe, von dem wir glaubten, er sei nicht zu besiegen durch das unausweichliche Dunkel des Herbstes oder die schroffen Einsamkeit der winterlichen Landschaft. Die Geburt Gottes eröffnet dagegen einen hoffnungsvollen Gegenkreislauf: Unser Leben erklärt sich nicht mehr als ein Gang von der Geburt bis zum Tod, sondern vollzieht sich stattdessen nach dem Muster einer ständigen Wiedergeburt. Betrachten wir die Krippe des Jesuskindes, egal welches Alter wir selbst haben und wie schwer unsere Lebensjahre wiegen, dann spüren wir die Wahrheit dieser Aussage von Pedro Homem de Mello: »Meine [unsere] Kindheit ist noch nicht tot.« Denn tatsächlich ist die Kindheit keine nostalgische Ruhephase, die abgeschlossen in der Vergangenheit liegt, sondern sie ist vielmehr die Zukunft, die uns eine neue Art und Weise eröffnet, die Geschichte zu verstehen. Wir haben noch eine Kindheit in uns, die wir erleben können.

Unser Leben lebt vom miteinander geteilten Leben

»Unser tägliches Brot gib uns heute«

Es ist beeindruckend, festzustellen, welche symbolische Kraft die einfachen Dinge in unserer übertechnisierten und hoch entwickelten Welt immer noch haben. Denken wir nur einmal an das Brot. Seine Aussagekraft und sein Symbolgehalt durchziehen Kulturen und Generationen. Das Brot wurde zum bedeutungsvollen und universellen Symbol – das war schon für unsere Großeltern so und so ist es auch für uns … Ich kann mich noch daran erinnern, wie es in meiner Kindheit war: Wenn ein Stück Brot auf den Boden gefallen war, hoben wir es auf und küssten es, auch wenn wir es nicht mehr essen konnten. Abgesehen von der symbolischen Bedeutung hat das Brot auch einen heiligen Sinn. Ich denke, dass das so ist, weil das Brot konkreter Ausdruck unserer Menschlichkeit ist. Brot ist nicht nur Mehl, Hefe, Wasser und Salz. Es ist viel mehr. Das Brot ist ein Zeichen der wesentlichen Dinge im Leben, ein Zeichen für das, von dem unser Leben abhängt und ohne das wir nicht überleben könnten. Es steht für das, was uns ans Leben bindet und uns auf der Erde hält.

Daher entdecken wir, dass sich seine Bedeutung ständig erweitert.

Das Brot vermittelt auch das Teilen miteinander, die Gemeinschaft, die Brüderlichkeit … Ein einziges Brot haben und es aufteilen können; vom selben Brot mehreren Tischgenossen geben, die sich um den Tisch versammelt haben … Brot ist nicht nur Brot. Es ist auch ein sichtbarer Zeuge der Kunst der Brüderlichkeit. In den Sprachen, die vom Lateinischen abstammen, bedeutet das geläufige Wort für »Gemeinschaft« oder »Gesellschaft«[28] eigentlich »Brotgemeinschaft«. Jemandem zu sagen: »Du bist mein Kumpan« hatte ursprünglich die Bedeutung, dass man sich etwas teilt, was einen ernährt, was einen am Leben erhält. Und von der Arbeit, die uns zu Mitschöpfern Gottes macht, zu Miterbauern der Schöpfung, sagen wir: »Das ist mein Broterwerb.« Brot ist lebenswichtig.

Manchmal bitten wir Gott um Nebensächliches, um Zierrat – Schall und Rauch. Und unser Gebet ist gefangen im täglichen Trott und Allerlei … Oft vergessen wir, Gott ins Zentrum unserer Bemühungen zu stellen, ins Zentrum der Suche danach, was uns am wichtigsten ist. Wir können fragen: »Aber soll ich Gott um Brot bitten? Wenn ich nicht arbeite, wird auch Gott mir kein Brot geben. Ich muss Gott um das bitten, was ich nicht aus eigener Kraft schaffe!« Jesus jedoch lehrt uns,

Gott um das zu bitten, was wir selbst erreichen, oder anders ausgedrückt: zu bitten, dass er dem, was wir erreichen, einen anderen Sinn gibt und es wirklich wesentlich macht.

Jesus lehrt uns, Gott, den Vater, zu bitten, dass das Brot nicht nur einfach Brot und bloßer Gegenstand sei, sondern dass das Brot zu uns spricht, dass es eine Art Sakrament ist, Ausdruck all dessen, was wir im Grunde suchen und was der Herr uns gibt, auch in spiritueller Beziehung. Wir sollen Gott bitten, dass unser Brot eint und nicht trennt. Dass unser Brot wahrhaft »Brot« sei, ein Ort, um den herum die Menschen sich versammeln, und kein Brot – wie es so oft der Fall ist –, das trennt und die Menschen voneinander entfernt. Wir sollen Gott bitten, dass unser Brot unsere Dankbarkeit Gott gegenüber und unsere Liebe zum Nächsten ausdrückt und preist.

Gott bitten, dass das »tägliche Brot« nicht nur den Magen füllt, sondern auch Seele und Herz – das heißt, dass das Brot eine so menschliche Bedeutung bekommt; dass es eine göttliche Dimension annimmt, dass das, was wir täglich erarbeiten, einen transzendenten Sinn erhält und nicht stumm bleibt, nichts zu sagen hat; dass die Arbeit nicht nur automatische Pflichtübung ist, sondern dass sich in ihr etwas ablesen lässt: die Liebe Gottes, das Herz Gottes, das Leben Gottes.

Wir beten um »unser Brot«, denn wenn ich der Einzige bin, der Brot hat, ist das ziemlich traurig. Dann will uns das Brot nicht schmecken. Das Brot der Einsamkeit schmeckt nicht halb so gut, bringt keine Freude. Wir bitten Gott um unser Brot, unser aller Brot, um Brot für alle.

Eine der ältesten Beschreibungen in der *Zwölfapostellehre* (oder *Didache*) beschreibt die Kirche wie folgt: »So wie viele Ähren auf ganz verschiedenen Feldern wachsen und danach zu einem einzigen Brot vermahlen werden, so, Herr, ist deine Kirche, denn sie kommt aus vielen verschiedenen Orten und vereint sich in einem Brot, dem Brot des Herrn.«[29] Um »unser Brot« zu bitten, heißt, um diese Brüderlichkeit zu bitten; nicht nur für mein Kornfeld zu bitten, sondern für alle Kornfelder; die Verpflichtung einzugehen, ein einziges Brot zu backen, das alle sättigen kann.

Hunger für die, die Brot haben

Es gibt eine Paraphrase dieser Bitte des Vaterunsers, die mich jedes Mal ergreift, denn ich denke daran, wie sehr sie uns alle in die Pflicht nimmt. Es ist ein Satz von José Agostinho Batista: »Unser tägliches Brot, das du mir heute nicht gibst.«

Das Vaterunser ist ein Gebet der Verpflichtung, ein Gebet eines auch politischen Engagements in der Welt, es ist kein selbstbezogenes Gebet. Bete ich das Vaterunser, muss ich um das Brot für alle bitten, in der Nähe und in der Ferne. Das Gebet des Vaterunsers macht mich verantwortlich für den Zustand der Welt. In den von Abbé Pierre gegründen Emmaus-Gemeinschaften betet man folgendes Tischgebet: »O Herr, hilf uns, Brot zu finden für die, die Hunger haben, und Hunger zu finden für die, die Brot haben.« Brot zu finden für die, die Hunger haben – das Lebenswichtige, in materieller und in spiritueller Hinsicht. Hunger zu finden für die, die Brot haben … für die Zufriedenen, die unter ihrer Glasglocke leben und nicht an die anderen denken, die etwas tun könnten und es nicht tun, die das Vaterunser nie als Gebet gesehen haben, das uns zwangsläufig zur Brüderlichkeit führt. Es ist nicht nur das Ergebnis der Brüderlichkeit, sondern mit ihm soll man sie suchen, ja neu erfinden.

Es gibt eine Tradition (in Wirklichkeit handelt es sich um ein spirituelles Werkzeug), die heutzutage fast nicht mehr gebräuchlich ist: das Fasten. Wir werden zerrieben in den Mühlen der Welt. Schnell tritt das *Sein* in den Hintergrund und wird durch das Streben nach dem *Haben* ersetzt. Wir hetzen hierhin und dorthin, eher Geiseln und

Werkzeuge als unabhängige und schöpferische Wesen. Das Fasten (zum Beispiel weniger essen oder das Überflüssige vermeiden, weniger konsumieren, weniger Kritik üben und anderes mehr) kommt einem spirituellen Akt gleich, denn es vergrößert unseren Freiraum. Ohne dass wir es merken, gibt es so viele Strömungen, die uns mitreißen, gibt es Abhängigkeiten, die unser Vermögen, brüderlich zu handeln, verringern! Das Fasten schafft, indem es einen genügsameren Stil zur Geltung bringt, neue Freiräume, ermöglicht ein besseres Unterscheidungsvermögen, verbessert sogar unseren Sinn für Humor … und ermöglicht uns ein solidarisches Teilen mit den Armen.

Lob des Provisorischen

Wir beten: »Unser tägliches Brot«, täglich … Als die Israeliten 40 Jahre lang aus Ägypten durch die Wüste bis zum Berg Sinai zogen, erhielten sie jeden Tag eine Portion Brot, das Manna, aber sie erhielten immer nur so viel, wie für diesen einzelnen Tag notwendig war.

> Als der tauende Nebel aufstieg, da lag auf dem Boden der Wüste etwas Feines, Körnerartiges, fein wie Reif auf der Erde. Da die Israeliten

dies sahen, fragten sie: Was ist das? Denn sie wussten nicht, was es war. Da sprach Mose zu ihnen: Das ist das Brot, das der Herr euch zu essen gibt. Folgendes gebietet euch der Herr: Jeder von euch lese davon nach seinem Bedarf auf, ein Gomer je Kopf, nach der Zahl euerer Personen! Jeder hole davon nur für seine Zeltgenossen. Die Israeliten machten es so und lasen auf, der eine viel, der andere wenig. Als sie aber mit dem Gomer maßen, hatte der eine, der viel gesammelt hatte, keinen Überfluss, und der wenig gesammelt hatte, keinen Mangel. Jeder hatte nach seinem Bedarf aufgelesen. Weiter sprach Mose zu ihnen: Niemand soll etwas davon bis zum anderen Morgen aufheben. Sie hörten jedoch nicht auf Mose, sondern einige hoben etwas bis zum anderen Morgen auf. Es war aber voll Würmer und faulte. Da wurde Mose zornig. So lasen sie es Morgen für Morgen auf, jeder nach seinem Bedarf. (Exodus 16,14–21)

Auf unserem Weg können wir nicht zu viel Gepäck mitnehmen, sonst kommen wir nicht weit. Reisende und Pilger müssen die Erfahrung akzeptieren, von dem zu leben, was es jeden Tag gibt. Von Gott zu leben, heißt ebendies. Jeden Tag gibt es Gott. Daher können wir es nicht so machen wie jener Mann aus dem Gleichnis, der seine Kornkammern mit Getreide füllt und sagt: »Jetzt, meine Seele, hast du die Scheunen gefüllt, jetzt ruhe dich aus«, ruhe dich nach Herzenslust aus. Der Herr sagt: »Du Tor, diese Nacht noch wird man dein Leben von dir fordern! Wem aber wird gehören, was du angesammelt hast?« (Lukas 12,17–20).

Wenn wir Nomaden Gottes sein wollen, wenn wir von ihm leben wollen, müssen wir im Hinblick auf alles Materielle in großer Freiheit leben. Denn in Wahrheit blockiert es uns. Schnell werden wir von unseren Besitztümern in Besitz genommen. Für den Christen bezeugt ein bescheidener Lebensstil den Glauben an Gott besser als tausend Worte. Wir leben in einer Zeit, in der die Menschen in den Wettbewerb gedrängt werden, wo uns in der Werbung Überflüssiges als lebensnotwendig verkauft wird.

Das Evangelium lehrt uns, nicht anzuhäufen, sondern zu vermehren. Jesus offenbart uns die Möglichkeiten des Lebens, die ein einziges Brot birgt. Mit einem einzigen Brot können wir so vieles machen, wenn wir die Kunst erlernen, Leben zu vermehren, Großzügigkeit, Solidarität, Zärtlichkeit, Mit-Leiden, Empathie zu vermehren … Uns befallen viele Zweifel: Soll ich wirklich geben oder lieber nicht, man wird Ansprüche an mich stellen oder … – und wir sollen uns diese Fragen auch stellen. Ein automatisches Almosen kann den Mitmenschen schnell von uns distanzieren. »Hier ist dein Almosen. Jetzt geh!« Was macht Jesus bei der Brotvermehrung? Er fragte: »Wie viele Brote habt ihr? Geht, seht nach. Als sie nachgesehen hatten, sagten sie: Fünf und zwei Fische. Da befahl er ihnen, alle sollten sich in Tischgemeinschaften auf dem grünen Gras lagern. Und sie lagerten sich in Gruppen zu je hundert und zu fünfzig. Da nahm er die fünf Brote und die zwei Fische, blickte zum Himmel auf, sprach das Segensgebet, brach die Brote und gab sie den Jüngern, damit sie sie ihnen vorlegten; auch die zwei Fische teilte er an alle aus« (Markus 6,38–41). Die Tischgemeinschaft ist das gemeinsame Essen, ein Teilen des Wesentlichen, ein Teilen des Lebens, des Wortes, der Zärtlichkeit, ein Fortdauern der Gegenwart.

Jedes Leben ist Brot

Das Bild des Brotes passt zu allem Leben, denn es ist so alltäglich: das Bild vom Brot, das wieder und wieder gebrochen wird. Denn das Leben besteht aus Säen, Wachsen, Reifen, Ernten, Mahlen, Kneten: Es ist wie das Brot. Denn wir verkosten und konsumieren die Welt nicht nur; insgeheim verstehen wir, dass die Welt, dass die Zeit auch uns konsumiert, uns verbraucht, uns verschlingt. Im Positiven wie im Negativen bleibt niemand derselbe. Wir sind ein Brot, das gebrochen wird, zerkrümelt, Aufgegangenes, das zusammenfällt.

Es geht aber darum zu wissen, mit welchem Bewusstsein, mit welchem Sinngehalt, mit welcher Intensität wir diesen unvermeidlichen Ablauf der Dinge leben. Wir verbrauchen uns alle, das steht fest. Aber was kommt dabei heraus? Wir alle spüren, dass das Leben vergeht. Aber wie kann man diese traurige Tatsache in etwas Fruchtbares und Lebendiges verwandeln?

Daher erstaunen uns die Worte Jesu, an die in jeder Eucharistiefeier erinnert wird. Er nahm das Brot und sprach: »Nehmt und esst. Dies ist mein Leib, der für euch hingegeben wird.« Die Eucharistie, manchmal als bloßer frommer Akt, als routinemäßiges Zeichen einer rituellen Zugehörigkeit wiederholt, ist in Wahrheit der zentrale Ort der Entscheidung darüber, was man mit seinem Leben anstellt. Jedes Leben ist Brot, aber nicht jedes ist Eucharistie, und das heißt radikale Gabe, ja Hingabe, Geschenk, Dienst. Alles Leben geht einmal zu Ende, aber nicht jedes geht den Weg zu Ende im Hervorbringen dieser (menschlichen und göttlichen) Lebenskraft, die es in sich angelegt findet. Das ist es, worum es bei der Eucharistie geht.

Jesus ist unser Brot, und wenn wir beten: »Unser tägliches Brot gib uns heute«, bitten wir Gott, dass er uns Jesus gebe, dass er uns Jesus bringe.

> Da sagte Jesus zu ihnen: Amen, amen, ich sage euch: Nicht Mose hat euch das Brot vom Himmel gegeben, sondern mein Vater gibt euch das wahre Brot vom Himmel. Denn das Brot Gottes ist der, der vom Himmel herabkommt und der Welt Leben gibt. Da sagten sie zu ihm: Herr, gib uns immer dieses Brot! Jesus antwortete ihnen: Ich bin das Brot des Lebens. Wer zu mir kommt, wird nie mehr hungern, und wer an mich glaubt, wird nie mehr Durst haben. (Johannes 6,32–35)

Wir nähren uns voneinander. Wir sind uns gegenseitig Nahrung, beim Zuhören und beim Sprechen, im Schweigen und beim Lachen, beim Geben und in der Liebe, denn unser Leben lebt vom Leben (und vom miteinander geteilten Leben).

Gott glaubt an uns

»Und vergib uns unsere Schuld«

Ich erinnere mich an einen Film von Nanni Moretti – ich glaube, er heißt *Das Zimmer meines Sohnes* –, in dem jemand in großer Trauer beginnt, einen Schrank mit Tassen aufzuräumen. Er bemerkt, dass eine auf einer Seite einen Sprung hat. Er versucht, dies zu verbergen, und dreht die unbeschädigte Seite nach vorn. Doch er weiß, dass die Tasse nicht intakt ist. Diese Tasse ist das Symbol für sein Leben, unser Leben, das aus Verlusten, Lücken und Brüchen besteht, die wir nicht verbergen können. Es gibt eine gebrochene Ganzheit, eine gespaltene Einheit, eine getrübte Freude.

Man kann wirklich so einiges anstellen, um nicht nachdenken zu müssen. Wir leben in einer von Automatismen geprägten Zeit, und es wird die Illusion genährt, dass das Leben sich regeln lässt, indem man den entsprechenden Schalter betätigt. Um eine Tür zu öffnen, gibt es einen Schalter, und die Tür öffnet sich; um das Licht anzumachen, für einfache und für komplizierte Vorgänge genügt es, irgendwo zu drücken, und es geschieht. Es geht alles sehr schnell, funktioniert sofort, tut nicht weh, strengt nicht an, kostet keine Mühe, fordert einen nicht. Mit minimalem Aufwand erhalten wir den Anschein des Lebens. Oft werden uns Konsumgüter als Ersatz für die menschlichen Wegstrecken präsentiert, die wir einfach zurücklegen müssen. Es genügt, nur einmal kritisch die Werbung zu betrachten, mit der wir bombardiert werden: »Kaufen Sie den Wagen X: Sie werden sich fühlen wie ein anderer Mensch, mutig, endlich Sie selbst« – wo wir doch wissen, dass Mut und Selbstverwirklichung aus zurückgelegten langen Wegen, vielen Entscheidungen, geduldigem Reifen mit Höhen und Tiefen, Fortschritten und Rückschritten resultiert … Nein, es genügt nicht, ein bestimmtes Auto zu kaufen, um uns so fühlen zu können. Es genügt nicht, ein betörendes Parfum zu kaufen, um ein bezaubernder Mensch zu sein. Es genügt nicht das neue Haushaltsgerät …

Die große Gefahr ist, dass wir uns von einem nicht authentischen Leben davontragen lassen, einem Leben, das kein Leben ist, das aus Trugbildern und falschem Schein besteht. Was im Grunde zählt, ist die Illusion, die wir erschaffen und die wir um jeden Preis wahren wollen. Heutzutage scheinen viele Leute mehr Interesse daran zu haben, den Schein zu wahren, als sich selbst zu bewahren. In einem um sich greifenden Vakuum stellt sich irgendwann das Abbild vor das Original. Und wir sehen uns dem Triumph einer Gesellschaft des Vordergründigen gegenüber, die von einer provisorischen und funktionellen Ethik gelenkt wird und die dem Menschen an sich nichts sagt. Die großen Fragen des Lebens werden auf die Strategie verwiesen, die gerade »in« ist, an Imageberater, Coaches und Konsultoren weitergegeben. Das menschliche Abenteuer wird zum Abenteuer im luftleeren Raum, im Simulator, und entwickelt sich nicht als Geschichte eines wirklichen Lebens. Deswegen gibt es so viele Menschen, die ständig neue Sensationen brauchen und doch sagen: »Oh, wenn ich doch etwas fühlen könnte, wenn ich doch wenigstens etwas empfinden könnte.« Das ist die große Frage: »Kann ich das? Kann ich, wenn ich so gegen das Leben verstoßen habe, es noch einmal in Versöhntheit leben?«

Jemand, der uns hoffnungsvoll anblickt

Wir brauchen jemanden, der uns hoffnungsvoll anblickt. Michelangelo hat gesagt, dass seine Skulpturen nicht aus einem Erfindungsprozess entstanden seien, sondern aus einem Befreiungsprozess. Er betrachtete den unbehauenen Stein im völligen Rohzustand und vermochte zu erkennen, was aus ihm werden konnte. Daher erklärte der Bildhauer seinen Beruf so: »Was ich mache, ist befreien.« Ich bin überzeugt davon, dass die großen Werke der Schöpfung (auch die der Schöpfung und Neuschöpfung des Menschen) aus einem ähnlichen Prozess entstehen, für den ich keine bessere Wendung finde als diese: »Übung der Hoffnung«. Ohne Hoffnung sehen wir nur den rohen Stein, das mühsame und unüberwindliche Hindernis. Nur die Hoffnung öffnet uns Türen, lässt uns jenseits aller Erschwernisse den Reichtum der verborgenen Möglichkeiten erahnen. Die Hoffnung kann mit der Zukunft in Dialog treten und sie uns näherbringen. Unser Dasein ist von Anfang bis Ende das Ergebnis eines Glaubensbekenntnisses.

Alles ist, wir alle sind Weg, Erfahrung des Unvollendeten, Erforschung des Unvollständigen, Härte und Undurchdringlichkeit des Steins. Die großen Meisterwerke fallen nicht einfach vom Himmel. Sie sind das Ergebnis langer und geduldiger Prozesse auf der Erde. Doch ohne Hoffnung, ohne diesen Glaubensakt, diesen Liebesakt, gibt es kein Meisterwerk. Jedes einzelne Werk Michelangelos erforderte gewiss ausgesuchten Marmor, aber ebenso sehr viel Hoffnung. Der Marmor konnte sogar von besserer oder minderer Qualität sein, wie seine berühmten unvollendeten Skulpturen der Sklaven bezeugen, die im Louvre zu sehen sind. Aber die Hoffnung kann sich nie vermindern.

In kleinen wie in großen Dingen begegnen wir immer diesem Ruf zur Hoffnung. In dem vielleicht schönsten Gedicht über die Hoffnung schreibt Charles Péguy: »Der Glaube, den ich am liebsten mag, sagt Gott, ist die Hoffnung.«[30]

Gott glaubt an den Menschen

Eines Tages meditiert auch der Prophet Jeremia über die Arbeit des Bildhauers: »Das Wort, das vom Herrn an Jeremia erging: Mache dich auf und geh ins Haus des Töpfers hinab. Dort will ich dich meine Worte hören lassen. Ich ging also ins Haus des Töpfers hinab. Der war gerade an der Arbeit an der Töpferscheibe. Und sooft das Gefäß, an dem er arbeitete, missriet, wie das mit dem Ton in der Hand des Töpfers vorkommen kann, machte er wieder ein anderes Gefäß daraus, wie die Töpfer zu tun pflegen ...« (Jeremia 18,1–4). »... machte er wieder ein anderes Gefäß daraus.« Gott ist der Töpfer, er wirft keinen Ton weg, auch wenn etwas misslingt. Von Beginn an war es so: »Dann bildete Gott, der Herr, den Menschen aus Staub von dem Erdboden und blies in seine Nase einen Lebenshauch. So wurde der Mensch ein lebendes Wesen« (Genesis 2,7). Der biblische Gott weigert sich, den Menschen aufzugeben. Selbst wenn er die äußerste

Zerbrechlichkeit unserer Freiheit kennt (»Eure Liebe gleicht ja dem Morgengewölk; sie gleicht dem Tau, der schnell vergeht« – Hosea 6,4), gibt er es nicht auf, zu glauben, zu vertrauen, zu hoffen (»Wie könnte ich von dir lassen, Efraim, dich preisgeben, Israel? Mein Herz kehrt sich um in mir und zugleich regt sich mein Mitleid. Ich kann meinen glühenden Zorn nicht vollstrecken …« – Hosea 11,8–9). Ich denke auch an den schönen Gedanken von Hans Urs von Balthasar, dass es bei Gott Hoffnung für jeden gibt. Wir werden fortwährend durch diese ins Unendliche gesteigerte Hoffnung geformt, durch diese Bereitschaft zur liebevollen Neuerschaffung seines eigenen Werkes. So heißt es weiter im Buch Hosea: »Darum will ich selbst sie locken, sie in die Wüste führen und ihr zu Herzen reden. Dort gebe ich ihr dann ihre Weinberge zurück und mache das Tal von Achor zur Hoffnungspforte« (Hosea 2,16–17).

Gott ergreift die Initiative zur Befreiung: Er sieht und hört die Lage der Menschen, er kommt uns entgegen, um uns zu befreien, um uns dem Exil zu entreißen, einem Leben, das kein Leben ist, der Knebelung in Gefangenschaft. Gott hat Mitleid mit unserer Wirklichkeit. Gott befreit und erlöst konkrete Menschen, die es wagen, die Konkretheit ihres Lebens so, wie es ist, anzunehmen, mit seinen schlechten Seiten, seinen Unannehmlichkeiten, mit all den Einschränkungen, die uns zum Spielball zahlreicher Knechtschaften machen. Gott erlöst nicht, was wir zu sein scheinen, was wir zu sein vorgeben – Gott rettet, was wir sind, denn das ist das, woran er glaubt, das ist es, was er liebt. Diese tiefgreifende Befreiung, die Gott durch Vergebung bewirkt, ist daher ein unermüdlicher Ruf zum Leben. Ich habe einmal folgenden Graffito auf einer Mauer gesehen: »Glaubst du an ein Leben vor dem Tod?« Ich war entsetzt. Natürlich erweitert es unendlich unseren Horizont, an ein Leben nach dem Tod zu glauben. Wenn ich jedoch aus irgendeinem Grund nicht mehr darauf vertraue, dass es ein Leben (das heißt: die Möglichkeit zu einem wahrhaften Leben) vor meinem Tod gibt, wird alles fremd, dunkel und verloren. Gott gibt den Menschen nicht auf.

Lernen, in Liebe zu vergeben – so wie wir selbst geliebt werden

»Seht, was für eine große Liebe uns der Vater geschenkt hat«, heißt es im 1. Johannesbrief (3,1). Nur wer die außerordentliche Kraft der Liebe erlebt, wer erfährt, wie Gott immer an seiner Seite war, wie Gott ihm immer die Hand reichte, wenn er am Boden lag, wie Gott ihn immer zu einer festen Burg führte, zu einem größeren Engagement in der Liebe, der versteht die Notwendigkeit der Vergebung. Man muss sich in das Geheimnis der Liebe hineinversetzen, um die ganze Bedeutung und Tragweite der Vergebung zu verstehen. Betrachten wir uns einmal selbst: Wir sind immer am Rechnen, immer in uns zurückgezogen, summieren, subtrahieren, berechnen … Dabei kann man doch das Geheimnis der Vergebung ganz einfach in Liebe auskosten. Zuerst soll sich das Bewusstsein entfalten, dass man geliebt wird, und das ist es, was uns für das Bedürfnis und den Wunsch nach der Vergebung Gottes öffnet. Der Apostel Paulus sagt das ganz klar in seinem Brief an die Römer, indem er die Vergebung unabhängig macht von jeglichem Verdienst. Das Angebot der Vergebung offenbart somit eine Liebe ohne Gegenleistung, bedingungslose und maßlose Liebe. »Es gibt ja keinen Unterschied. Denn alle haben gesündigt und entbehren der Herrlichkeit Gottes. Sie werden nun durch seine Gnade aufgrund der Erlösung in Christus Jesus geschenkweise gerechtfertigt« (Römer 3,22–24).

Einige Begegnungen Jesu sind Beispiele dafür. Er ist der Meister der Vergebung, denn er bringt die Liebe gerade in die Herzen, wo sich die Unmöglichkeit der Liebe eingenistet hatte, der unheilbare Unglaube.

> Dort kam er nach Jericho und zog hindurch. Dort lebte ein Mann mit dem Namen Zachäus, der war oberster Zöllner und war reich. Er wollte gern sehen, wer Jesus sei, konnte es aber nicht wegen der Volksmenge; denn er war klein von Gestalt. Da lief er voraus und stieg auf einen Maulbeerfeigenbaum, um ihn zu sehen; denn da musste er vorüberkommen. Als nun Jesus an die Stelle kam, schaute er hinauf und sagte zu ihm: Zachäus, steig schnell hinunter, denn heute muss ich in deinem Haus bleiben. Schnell stieg er herunter und nahm ihn mit Freuden auf. Alle, die das sahen, empörten sich und sagten: Bei einem Sünder ist er eingekehrt, um zu wohnen! Zachäus aber wandte sich an den Herrn und sagte zu ihm: Herr, die Hälfte meines Vermögens gebe ich den Armen und wenn ich etwas zu Unrecht von jemand gefordert habe, gebe ich es vierfach zurück. Jesus sagte zu ihm: Heute ist diesem Haus Heil widerfahren, weil auch dieser Mann ein Sohn Abrahams ist. Denn der Menschensohn ist gekommen, um zu suchen und zu retten, was verloren war. (Lukas 19,2–10)

Die Verwandlung des Zachäus wurde bewirkt durch diese grenzenlose und bedingungslose Liebe, die Jesus ihm allen Erwartungen zum Trotz entgegenbrachte.

»O Tiefe des Reichtums, der Weisheit und der Erkenntnis Gottes!« (Römer 11,33).

Und Gott will uns nichts anderes geben als seine Vergebung, daran können wir glauben. Gott will uns nichts anderes geben! Das Bild von Gott, das uns von Jesus vermittelt wird, ist das eines vergebenden Vaters. Stellen wir uns nur einmal den Skandal vor, den Jesus hervorrief, als er das Gleichnis vom verlorenen Sohn erzählte (Lukas 15,11–32). Jesus sprach zu Familienvätern, Leuten, die genau wussten, wie man Kinder erzieht. Wie kann es sein, dass dieser Tunichtgut, der sein Zuhause verlässt und sein Hab und Gut verschwendet, wie der Sohn eines Königs aufgenommen wird, wenn er zurückkommt! Die Wissenschaft Gottes ist die Vergebung. Der Sohn ist noch weit weg, und schon kommt ihm der Vater entgegengelaufen. Er kommt ihm zuvor. Er unterbricht die Rechtfertigungen des Sohnes, der anbieten wollte, nicht mehr sein Sohn zu sein, sondern Sklave. Doch der Vater »bedeckt ihn mit Küssen«, das heißt, er macht ihn als ganzen liebenswert und sagt ihm das auch: »Holt schnell das beste Kleid heraus und zieht es ihm an und gebt ihm einen Ring an die Hand und Schuhe an die Füße! Holt das Mastkalb und schlachtet es! Wir wollen essen und fröhlich sein; denn dieser mein Sohn war tot und lebt wieder; er war verloren und ist wiedergefunden worden« (Lukas 15,22–24). Wir werden nie wissen, wie das ist, wenn wir nicht selbst fühlen, ganz wirklich und bedingungslos, dass Gott dies mit uns wiederholt.

Im Angesicht der Spuren der Nicht-Liebe, die es in uns gibt, der Kratzer der Beleidigung, der Brüche des Leids, kann nur ein Überfluss an Liebe (und die Vergebung ist genau das, ein Überfluss an Liebe) die Einheit des Abbildes und die Ähnlichkeit Gottes in uns wiederherstellen. Nur der Überfluss an Liebe ermöglicht es uns, die Vergebung zu verstehen. Diese Vergebung ist unvorhersehbar, diese Vergebung ohne Bedingung und Maß, diese Vergebung, die uns aufzurichten vermag.

Das Vaterunser ist die große Schule der Vergebung. Wenn wir es beten, stoßen wir immer auf diese Einladung – in das Geheimnis der Vergebung Gottes einzutauchen, in ein unabsehbares Meer der Liebe.

Eine einseitige Entscheidung zur Liebe
»… wie auch wir vergeben unseren Schuldigern«

Der Bezug, den diese Zeile des Vaterunsers mit der vorherigen herstellt, ist kein Bezug im Sinne eines Handelsgeschäfts: Wenn Gott uns vergibt, wie wir ihn bitten, dann vergeben auch wir den anderen. Dies wäre eine Art Tausch: Wir geben nur, wenn Gott uns gibt. Doch es besteht tatsächlich eine Beziehung zwischen diesem und dem vorherigen Vers des Vaterunsers – aber in dem Sinne, dass uns bewusst wird, dass Gott Ursprung und Meister der Vergebung ist und dass wir nach seinem Ebenbild lernen zu vergeben.

Die Vergebung ist kein spontaner Ausdruck unserer menschlichen Natur. Die Aussage »Wir vergeben« bezieht sich auf das Wirken Gottes in uns, auf das Geschenk, dass wir Kinder Gottes sind. Der Mystiker Angelus Silesius schreibt:

> Was Gott ist, weiß man nicht: Er ist nicht Licht, nicht Geist,
> Nicht Wonnigkeit, nicht Eins, nicht, was man Gottheit heißt:

Nicht Weisheit, nicht Verstand, nicht Liebe, Wille, Güte:
Kein Ding, kein Unding auch, kein Wesen, kein Gemüte.
Er ist, was ich und du und keine Kreatur,
Eh wir geworden sind, was Er ist, nie erfuhr.[31]

Was Gott ist, weiß man nicht. Er ist ein Geheimnis, das unser Verstand nicht durchdringt. Was wir über Gott sagen, kann nur eine Annäherung sein. Denn in Wahrheit wissen wir nur dann, was Gott ist, wenn wir zu dem werden, was Gott ist. Und die Vergebung ist ein Musterbeispiel für etwas, das uns erfahren lässt, was Gott ist.

Was Vergebung nicht ist

Vielleicht ist es nützlich, damit zu beginnen, was Vergebung nicht ist.

Vergebung ist nicht ein Entschuldigen. Entschuldigen ist eine Sache, Vergebung eine andere. Etwas zu entschuldigen ist ein rationaler Vorgang; wir betrachten jemanden, der uns etwas angetan hat, und versuchen, seine Gründe und Beweggründe zu verstehen. Und so kann die Tat des Täters, selbst im Falle extremer Gewalt, doch irgendwie milder gesehen werden (der Täter hatte schwere Probleme in der Kindheit, es wurden ihm nicht die Möglichkeiten geboten, wie andere sie hatten, er wurde vernachlässigt und hatte kein stabiles und schützendes Umfeld …). Das ist eine Entschuldigung. Es ist der rationale Versuch, auf eine bestimmte Weise die Aggression zu erklären. Aber das ist noch keine Vergebung. Wir können und sollen unsere Mitmenschen entschuldigen, doch wir müssen auch wissen, dass Vergebung etwas anderes ist.

Ebenso ist Vergeben auch nicht Vergessen. Oft verwechseln wir diese beiden Dinge und sagen: »Ach, ich kann das nicht vergessen«, als würde dies zwangsläufig heißen: »Ich kann das nicht vergeben.« Nein: Eine Sache ist das Vergeben, eine andere das Vergessen. Zumal es Dinge gibt, die man einfach nicht vergessen kann. Dies hängt ja nicht von unserem Vermögen oder Unvermögen ab. Es gibt Aggressionen, die unauslöschliche Spuren hinterlassen und die wir nicht vergessen können, selbst wenn wir es wollten. Und wenn wir sie aus unserem Bewusstsein verdrängen, leben sie in unserem Unterbewussten weiter und kommen in bestimmten Handlungen, bestimmten Reaktionen, die daraus resultieren, wieder an die Oberfläche. Daher stellt sich die Frage folgendermaßen: »Kann ich eine Aggression vergeben, die ich nie werde vergessen können?« Und die Antwort, so schwer vorstellbar sie auch sein mag (tatsächlich entspringt sie einer Offenbarung nicht aus Fleisch und Blut), ist diese: »Ja, ich kann vergeben.« Eben aus dem Grund, dass Vergebung etwas anderes ist als ein Vergessen oder ein Sich-Erinnern.

Vergeben heißt auch nicht, sich Gerechtigkeit zu verschaffen. Es gibt Situationen, in denen von Gesetzes wegen keine andere Möglichkeit besteht, als zu verurteilen. Das ist einfach so, das wissen wir alle. Doch die Möglichkeit der Vergebung ist eine andere. Daher gibt es das Bild von zum Tode Verurteilten, die sich vom Geistlichen Vergebung zusprechen lassen möchten. Sie werden aufgrund einer bestimmten Interpretation der Gerechtigkeit sterben müssen, doch die Vergebung kann ihnen, selbst im letzten Moment noch, ein Tor zum Leben geöffnet haben. Die Vergebung findet sich nicht mit dem Unabänderlichen ab.

Vergebung ist keine Erklärung moralischer Überlegenheit. Es kann zwar so aussehen, als wären wir großmütig und großzügig, doch was tun wir im Grunde? – Wir binden den anderen an das, was wir geben: »Verdient hast du es ja nicht, aber ich gebe es dir trotzdem … jetzt sieh zu.« Der andere gerät in Unterlegenheit. Man muss aufpassen, dass die Vergebung nicht zu einer Form von Machtausübung oder Willkür gerät, die uns noch mehr verschließt.

Was ist Vergebung?

Vergebung heißt zu akzeptieren, dass man den Akzent weder auf den Täter noch auf das Opfer legt … Die Dialektik führt uns in eine lähmende Sackgasse, in der wir jahrelang stecken bleiben können. Die Vergebung dagegen zeichnet ein Beziehungsdreieck, in das sie den Faktor Gott miteinbezieht, die Möglichkeit, die Liebe zu leben, die wir in Gott sehen. Vergebung ist keine Zweisamkeit, sondern Dreisamkeit. Im Grunde genommen heißt Vergebung: »Tatsächlich war das eine Aggression, die mich als Person schwer verletzt hat, etwas, was ich nicht völlig entschuldigen kann, was ich wahrscheinlich nicht so bald oder nie vergessen kann … Doch ich werde nicht davon ablassen, die Liebe zu lieben und mich von der reaktiven Logik der Gewalt zu distanzieren.« Einzig die Liebe kann heilen. Im Grunde genommen kann nur dadurch, dass das, was Gott ist, in meinem Leben präsent wird, nur dadurch, dass »ich zu dem werde, was Gott ist«, die Blockade des Bösen überwunden werden. Vergebung ist nicht etwas, was ich in mir mache. Sie ist etwas, was ich Gott in mir machen lasse. Ich lasse zu, dass Gott in meine Geschichte eintritt und dass seine Logik zu meiner Logik wird.

Um vergeben zu können, muss ich meine Beziehung zum Mitmenschen der Gegenwart eines

Dritten, nämlich Gottes, öffnen – und danach streben, dass tatsächlich die Sichtweise Gottes vorherrscht. Und dies gibt mir die Kraft, dass ich als Opfer einer Aggression eine einseitige Entscheidung zur Liebe treffen kann. Mein Mitmensch wird keine Geisel meiner Vergebung, denn ich vergebe im Grunde keinem konkreten Menschen oder nur diesem einen Menschen, sondern ich bringe das Leben Gottes in mein Leben und in den Lauf der Welt. Und ich muss niemanden mehr an seine Tat erinnern. Das Einzige, um was uns Gott bittet, ist, dass wir nicht vergessen zu vergeben.

Kierkegaard schrieb in seinem Kommentar zu jener Stelle im Evangelium, wo Jesus sagt: »Kommt alle zu mir, die ihr mühselig und beladen seid; ich will euch Ruhe verschaffen. Nehmt mein Joch auf euch und lernt von mir; denn ich bin sanftmütig und demütig von Herzen und ihr werdet Ruhe finden für eure Seelen. Denn mein Joch ist sanft und meine Last leicht« (Matthäus 11,28–30), dass das sanfte Joch Jesu das Joch der Vergebung sei und unser schweres Joch das Joch nicht vergebener Taten.

Gott möchte nicht, dass wir in der Erinnerung daran verhaftet bleiben, was uns in der Vergangenheit einmal angetan wurde. Manchmal ist die Erinnerung an eine Sünde immer noch eine Versuchung, in ihr zu verharren, in ihren rätselhaften und endlosen Kreisen. Sogar der Skrupel, wenn er bis zum Äußersten getrieben wird, kann eine Abart des Verharrens in dem sein, was wir läutern müssten. Die Weisheit des Evangeliums gebietet uns, gründlich den Staub und Schmutz von den Schuhen zu schütteln.

Der Herr wiederholt: »Denk an die Vergebung!« Wir sind dazu aufgerufen, als Vergebende zu leben und als solche, denen vergeben wurde. Die Vergebung ist ein »sanftes Joch«. Ja, geben wir uns doch Mühe, die Möglichkeiten zu entfalten, die die Vergebung in sich birgt. Selbst wenn wir von einer Erziehung herkommen, die die Bedeutung der Sünde betont, scheint mir die große Bekehrung darin zu bestehen, das Licht der Vergebung Gottes in unserem Leben zur Geltung zu bringen.

Es gibt zum Beispiel die Geschichte von den beiden Mönchen, die einen Bach überqueren möchten und einer Frau begegnen, die sie bittet, einer von ihnen möge sie ans andere Ufer tragen. Diese Bitte überraschte die beiden völlig und widersprach auch ihren Regeln. Doch da bückte sich der jüngere Mönch und trug die Frau ans andere Ufer. Die Frau bedankte sich sehr, und die Mönche setzten ihren Weg fort. Der ältere Mönch jedoch machte dem jüngeren immer wieder Vorwürfe: »So etwas Verrücktes«, »Was hast du nur getan!«, »Du kennst doch unsere Regeln …« – bis der jüngere Mönch es nicht mehr aushielt und antwortete: »Ich habe die Frau von einem Ufer ans andere getragen und sie dann hinter mir gelassen. Du aber hast sie bis hierher mitgenommen.«

Davon auszugehen, dass uns vergeben wurde – ohne Zweifel heißt dies zu verstehen, sich in die Schule des Evangeliums zu begeben. Wenn wir in der Vergebung leben, beginnen wir wahrhaft, im Erkennen Gottes und in der Nachfolge Jesu voranzuschreiten, und zwar nicht abstrakt, sondern konkret und bewusst. Die Vergebung öffnet Türen in uns. Und so hören wir damit auf, die Lasten von gestern zu tragen, und entdecken die Flügel von heute.

Es gibt Geschichten, die besser als eine Reihe von Theorien die heilende Kraft vermitteln, die wir suchen. Hier sind drei von ihnen.

Die erste Geschichte stammt von dem jüdischen Schriftsteller und Nobelpreisträger Elie Wiesel. In seiner Kindheit war er mit seinen Eltern, Brüdern und Freunden Gefangener im Konzentrationslager Auschwitz. Praktisch er allein überlebte. Wir können uns vorstellen, wie sehr er sich beraubt fühlte. Von 1945, also vom Ende des Krieges an richtet sich jahrelang sein einziger Lebenszweck darauf, unmögliche Gerechtigkeit für das

Unwiederbringliche zu suchen. »Wie waren nur so abgrundtiefe Gräuel möglich? … Wie war es nur möglich!« Dies war sein Leben. Jeden Tag wachte er in einer Hölle auf und schlief in einer Hölle ein. Er konnte seine Seele nicht finden. Dann sprach er mit einem Rabbiner. Dieser sagte ihm: »Solange du nicht vergeben kannst, bleibst du Gefangener in Auschwitz.« Diese Worte eröffneten seinem Herzen neue Dimensionen.

Die zweite Geschichte ist eigentlich keine Geschichte, sondern ein Gebet – eines der schönsten Gebete, die ich kenne. Es wurde unter dem ärmlichen Hab und Gut eines Juden gefunden, der in einem Konzentrationslager gestorben war. Es lautet:

> Herr, wenn du in deiner Herrlichkeit kommst, erinnere dich nicht nur derer, die guten Willens sind; erinnere dich auch derer, die bösen Willens sind. Am Tage des Letzten Gerichtes erinnere dich nicht nur an ihre Grausamkeit und Gewalt: denk auch an die Früchte, die wir hervorbracht haben aufgrund dessen, was sie uns angetan haben. Denk an die Geduld, den Mut, die Gemeinschaft, die Demut, die Seelengröße und die Treue, die unsere Henker in jedem von uns geweckt haben. Herr, mach, dass die Früchte, die in

> uns hervorgebracht wurden, jenen Menschen zur Rettung dienen können.

Die dritte Geschichte handelt von einer Frau, die in einer Bäckerei einen Kuchen zum Geburtstag ihres Sohnes bestellt. Wie wir alle es tun würden, hinterlässt sie dort Namen und Telefonnummer. Aber ausgerechnet am Geburtstagsmorgen wird der Junge von einem Auto überfahren, fällt ins Koma und stirbt. Der Bäcker weiß natürlich nicht, was passiert ist. Er weiß nur, dass die Frau einen Kuchen bestellt und nicht abgeholt hat. Er beginnt, sie in den folgenden Tagen mit anonymen Anrufen zu bedrängen. Zufällig findet die Frau – völlig traumatisiert vom Tod ihres Sohnes – heraus, dass die Anrufe vom Bäcker kommen, und beschließt, mit ihrem Mann zu ihm zu gehen, um ihm eine Lektion zu erteilen. Und tatsächlich gibt es im ersten Moment ihrer Begegnung nur die Konfrontation ihres Zorns mit dem Ärger des Bäckers. Doch dann berichtet die Mutter, was passiert ist, und der Zorn weicht etwas anderem.

> »Ich möchte Ihnen sagen, wie leid es mir tut«, sagte der Bäcker. Er stützte beide Ellbogen auf den Tisch. »Gott allein weiß, wie leid. Hören Sie zu. Ich bin nur ein Bäcker. Ich behaupte nicht, etwas anderes zu sein. … Das ist keine

Entschuldigung für das, was ich getan habe, ich weiß. Aber es tut mir zutiefst leid. … Sie müssen verstehen, es läuft darauf hinaus, dass ich nicht mehr weiß, wie man sich verhält, so ungefähr. Bitte«, sagte der Mann, »darf ich Sie fragen, ob Sie mir in Ihren Herzen vielleicht verzeihen können?«

Es ist heiß in der Bäckerei. Die Eltern ziehen ihre Jacken aus. Der Bäcker stellt Tassen auf den Tisch. Sie setzen sich. Und obwohl sie müde und todtraurig sind, hören sie sich an, was der Mann zu sagen hat.

»Sie müssen wahrscheinlich was essen«, sagte der Bäcker. »Ich hoffe, dass Sie von meinen warmen Brötchen ein paar essen. Sie müssen essen und weitermachen. Essen ist eine kleine, gute Sache in so einer Zeit«, sagte er.[32]

Sie hören ihm weiter zu. Sie essen langsam und vorsichtig von einem dunklen, duftenden Brot, das der Bäcker ihnen aufgeschnitten hat, und schmecken überrascht, wie kräftigend und aromatisch es ist. Sie bleiben bis zum Morgengrauen dort sitzen und reden. Und das Neonlicht weicht langsam der Morgensonne, die ihre ersten Strahlen durch die Fenster schickt.

Ich mag diese Erzählung von Raymond Carver sehr. Mit wenigen Worten drückt sie so viel aus.

Die Worte schaffen ein Klima der Begegnung und des Zuhörens. Das Essen (und nicht umsonst handelt es sich um Brot) tröstet und trocknet die Tränen. In den Menschen vollzieht sich eine Art Auferstehung. Die Vergebung öffnet uns tatsächlich für das Verständnis des österlichen Geheimnisses.

Die vierte Versuchung

»Und führe uns nicht in Versuchung«

Die heilige Teresa von Ávila sagte einmal humorvoll, es sei naiv zu glauben, dass »die Seelen, denen der Herr sich auf eine in der allgemeinen Meinung privilegierte Art und Weise mitteilt, hierdurch derart gefestigt seien, dass sie nie mehr ihre Sünden fürchten oder beweinen« müssten. Denn wir sind dazu aufgerufen, das Geschenk Gottes bis zum Ende zu leben, in Zerbrechlichkeit, in Schwachheit, im Vertrauen und in der Versuchung. Die Probleme, die wir erleben, können in ihrer Art, Häufigkeit oder Intensität variieren, doch sie werden uns immer begleiten. Die Versuchung wird es immer geben. Was sich aber im Laufe der menschlichen und spirituellen Reifung verändert, ist unsere Art und Weise, mit der Versuchung umzugehen. Durch unsere Fähigkeit, die Natur der einzelnen Versuchungen zu erkennen, verstehen wir oft unsere eigene Einzigartigkeit und Verschiedenheit, die wirkliche Wirkung des Lebens in uns, unsere verschüttete Wirklichkeit und ihre nicht zu entziffernden Spuren. Die Versuchung macht uns menschlich. Sie ist ein Weg. Der Apostel Paulus flehte dreimal zum Herrn, dass er den Stachel aus seinem Fleisch nehme (2 Korinther 12,8). Doch vergebens. Die Antwort war: »Es genügt dir meine Gnade; denn die Kraft wird in der Schwachheit vollendet« (2 Korinther 12,9).

Meister Eckhart erklärt den »großen Vorteil und Nutzen« der Versuchungen: Indem sie uns in einen endlosen Kampf verstricken, uns wachsamen Widerstand abverlangen, bewirken sie, selbst wenn sie uns demütigen, dass wir uns ganz auf Gott konzentrieren.

Genau darum geht es: Der Traum von der Vollkommenheit kann auch ein Weg sein, den wir oberflächlich beschreiten, oder er kann eine Illusion darstellen, die uns daran hindert, zum wahren und paradoxen Zustand des Lebens zu gelangen. Und wie lange brauchen wir tatsächlich, um uns von der Zwangsvorstellung des Perfektionismus loszumachen, der nicht die Erschütterungen des wirklichen Lebens kennt, wie lange, um uns von diesem Impuls zu befreien, uns in der Bequemlichkeit von Idealvorstellungen einzuigeln, und wie lange, die Unart abzulegen, die Wirklichkeit mit einem Festzug von falschen Bildern zu überlagern! Thomas Merton schreibt etwas, was uns zu denken geben sollte:

> Der Christus, den wir wirklich in uns selbst entdecken, unterscheidet sich von dem, den wir vergeblich in uns erzwingen, um ihn in uns zu bewundern und zu vergöttern. Im Gegenteil: Er wollte sich mit dem identifizieren, was wir an uns selbst nicht lieben, denn er hat unser Elend und unser Leid auf sich genommen, unsere Armut und unsere Sünden … Wir werden nie Frieden finden, wenn wir der Verblendung folgen, die uns einreden möchte, dass der Konflikt bewältigt ist. Wir werden nur Frieden finden, wenn wir dazu fähig sind, den widersprüchlichen Tanz wahr- und anzunehmen, der unser Blut in Wallung bringt … Und dort hört man am besten das Echo des Sieges des Auferstandenen.

Der Apostel Paulus verstand das, denn er antwortete: »Ich will mich also viel lieber meiner Schwachheiten rühmen, damit die Kraft Christi bei mir Wohnung nimmt. Darum habe ich Gefallen an meinen Schwachheiten, an Schmähungen, Notlagen, Verfolgungen und Bedrängnissen um Christi willen; denn wenn ich schwach bin, dann bin ich stark« (2 Korinther 12,9–10). Paulus bezeugt den Glauben als eine paradoxe Hypothese: Wenn ich schwach bin, dann bin ich stark. Der Glaube wohnt und reift in den Notlagen, in der Bedrängnis, in den Schmähungen, im Leiden, das heißt mitten in der durch die Versuchung bedrängten Existenz. Es geht nicht darum, diese Erfahrung zu unterdrücken oder sie zu überwinden: denn mitten in dieser Erfahrung bin ich stark. Das ist natürlich ein Paradox. Doch genau hier verwirklicht sich die spirituelle Erfahrung.

Die großen Hindernisse für ein Leben in Gott sind nicht Schwachheit und Schwäche, sondern Härte und Strenge. Nicht Verletzlichkeit und Erniedrigung, sondern deren Gegenteil: Stolz und Selbstgenügsamkeit, Selbstgerechtigkeit, Isolation, Gewalt, Machtrausch. Ein Wort von Lao Tse besagt: »Der Mensch tritt ins Leben zart und schwach, er stirbt hart und starr. Das Gras und die Bäume sind zart und weich, wenn sie ins Leben treten; sie sind trocken und dürr, wenn sie sterben. Darum: Das Harte und Starre ist Geselle des Todes, das Zarte und Schwache ist Geselle des Lebens.« Die Kraft, die wir wirklich brauchen, die Gnade, die wir wirklich brauchen, kommt nicht aus uns, sondern aus Christus. Und er dient uns als Beispiel dafür, was es bedeutet, das Menschsein ganz und gar und in all seiner Dramatik anzunehmen, denn »durch seine Wunden ist uns Heilung geworden« (Jesaja 53,5).

Die ersten drei Versuchungen

Es ist eine interessante Feststellung, dass der Text des Vaterunsers eine offensichtliche (und geheimnisvolle) Spiegelung einer anderen Passage des Evangeliums darstellt, nämlich der von den Versuchungen Jesu. Das Vaterunser ist eine Antwort auf diese Episode, so buchstäblich, wie man sie sich nur erhoffen kann. Lesen wir diese Stelle noch einmal:

> Danach wurde Jesus vom Geist in die Wüste geführt, um vom Teufel versucht zu werden. Nachdem er vierzig Tage und vierzig Nächte gefastet hatte, bekam er Hunger. Da trat der Versucher an ihn heran und sagte: Wenn du Gottes Sohn bist, so befiehl, dass diese Steine Brot werden. Er antwortete: Es steht geschrieben: *Nicht vom Brot allein lebt der Mensch, sondern von jedem Wort, das aus dem Mund Gottes kommt.* Darauf nahm ihn der Teufel mit in die Heilige Stadt, stellte ihn auf die Zinne des Tempels und sagte zu ihm: Wenn du Gottes Sohn bist, so stürze dich hinab. Denn es steht geschrieben: *Seinen Engeln wird er deinetwegen Befehl geben und sie werden dich auf Händen tragen, damit dein Fuß nicht an einen Stein stößt.* Jesus antwortete ihm: Es steht auch ge-

schrieben: *Du sollst den Herrn, deinen Gott, nicht versuchen.* Wieder nahm ihn der Teufel mit auf einen sehr hohen Berg; er zeigte ihm alle Reiche der Welt und ihre Herrlichkeit und sagte zu ihm: Das alles will ich dir geben, wenn du niederfällst und mich anbetest. Da sagte Jesus zu ihm: Hinweg, Satan! Denn es steht geschrieben: *Den Herrn, deinen Gott, sollst du anbeten und ihm allein dienen.* Da verließ ihn der Teufel und Engel traten hinzu und dienten ihm. (Matthäus 4,1–11)

Diese Versuchungen Jesu geschahen nicht an einem einzigen Tag. Sie geschahen sicherlich im Laufe seines ganzen Lebens. Man stelle sich nur die Stimmen, die Warnsignale, die Dilemmata, den Druck der Erwartungen vor, die auf Jesus einstürzten. Diese drei Episoden fassen zusammen, was Jesus erduldet hat, und zeigen zugleich Zustände inneren Aufruhrs, die für die *conditio humana* typisch sind.

Hier spielt die Symbolik eine wichtige Rolle, beginnend mit der Anzahl der Tage, während derer sich Jesus in die Wüste zurückzog: 40 Tage, die den 40 Jahren entsprechen, die das Volk Gottes durch die Wüste zog. Während das Volk des Alten Bundes auf die Gabe Gottes keine völlig positive Antwort geben konnte, antwortete Jesus dagegen mit einem echten Ja, dem totalen Ja zum Vater. Während unsere Vorväter in der Wüste sogar im Angesicht der Gaben Gottes ihn immer wieder verleugneten, versunken in ihrem Mangel an Vertrauen, lebt Jesus in einer aufrichtigen, totalen und hingebungsvollen Beziehung. Und das ist das Geheimnis des Lebens Jesu. Daher ist er der Anfang eines neuen Volkes, der Anbeginn einer neu erschaffenen Geschichte. Tatsächlich hat sich Jesus nie unserer Menschlichkeit entzogen, sondern hat sie radikal angenommen, in ihrer ganzen Gegensätzlichkeit, Paradoxie und Begrenztheit. »Der in der Daseinsweise Gottes war, hielt nicht daran fest, Gott gleich zu sein, sondern er entäußerte sich selbst, nahm Sklavendasein an und wurde den Menschen gleich« (Philipper 2,6–7).

Die drei Versuchungen Jesu stehen stellvertretend für alle Versuchungen, die um uns und in uns lauern:

- *Die Versuchung des Materialismus*: einzig und allein vom Materiellen zu leben und sich zu nähren, daraus einen Daseinszweck zu machen, die transzendente Berufung zu vergessen, die zum Wesen des Menschen gehört; das Materielle zu vergöttern und in diesem schwindelerregenden Abgrund Gott zu vergessen.

- *Die Versuchung des Providenzialismus*: unsere menschliche Berufung zu vergessen, uns von unserer geschichtlichen Verantwortung zu entfremden, das Eingreifen Gottes mit einem fantastischen und magischen Vorsehungsglauben verwechseln. Wir dürfen uns nicht in den Abgrund stürzen, damit Gott uns rettet. Wir müssen ganz normal in unseren Grenzen bleiben und unseren Part erfüllen.
- *Die Versuchung des Absolutismus*: aus unserer Macht einen Götzen zu machen, wie auch immer er aussehen möge; aus Herrschaft und Verfügungsgewalt Quellen der Glückseligkeit zu machen, aus ihnen den Horizont der Sinnhaftigkeit des Lebens zu gewinnen; den Sinn für die Anbetung zu verlieren, das heißt die Erfahrung der demütigen Offenheit für das, was größer ist als wir, für den unendlichen Gott.

Jesus kam nicht in Versuchung, denn er stand mit dem Vater in enger Beziehung. Er kreiste in jedem Augenblick um Gott. Sein Lebensinhalt war es, Sohn zu sein. In jedem Augenblick, in jeder Handlung, in jeder Haltung, in jeder Entscheidung … Gott war Gott in ihm. Die Treue zum Vater erlaubt ihm daher, unsere Menschlichkeit neu zu erfinden, unsere Menschlichkeit, die so oft in diesen Versuchungen stecken bleibt.

»Wer bist du? Ich erwartete / Besucher drei, nicht vier.« Mit diesen Worten der Überraschung empfängt der Erzbischof und Märtyrer Thomas Becket in dem Theaterstück *Mord im Dom* von T. S. Eliot den Besuch des »vierten Versuchers«. Thomas Becket, von einfacher Herkunft, hatte es geschafft, sich durch Intelligenz und Mut zu hohen Ämtern hochzuarbeiten. Er konnte auf die Freundschaft und das Vertrauen Heinrichs II. bauen, der ihn zum Reichskanzler machte. Alles änderte sich jedoch, als der König, der durch ihn die Kirche kontrollieren wollte, ihn zum Erzbischof von Canterbury machte. In kürzester Zeit brach ein unlösbarer Konflikt zwischen der geistlichen und der weltlichen Macht aus. Um der Verfolgung zu entfliehen, sieht sich Thomas gezwungen, nach Frankreich ins Exil zu gehen, und zwar unter dem Schutz des Papstes. Doch sieben Jahre später entscheidet er sich, zu den Christen seiner Diözese zurückzukehren. Das Theaterstück Eliots beginnt mit der Ankunft des Erzbischofs am Dom von Canterbury. Er möchte seinen Platz als Hirte einnehmen, ohne jedoch seine spirituelle Unabhängigkeit aufzugeben. Thema des ganzen ersten Aktes sind die inneren Kämpfe, die er ausficht. Es erscheinen ihm drei Versucher sowie ein vierter, unerwarteter, schrecklicher als die anderen, denn dieser versucht ihm zu zeigen, dass sein Streben nach Wahrhaftigkeit letztendlich nichts anderes ist als Stolz und Eitelkeit. Thomas ruft aus:

> Wer bist du,
> der mich mit meinem eignen Wunsch versucht?
> Andere kamen, versuchten mich zeitlich
> mit Wollust und Macht. Handgreiflich der Preis.
> Was hast du zu bieten? Was zu fordern?
> …
> Andere boten mir wirkliche Gabe. Wertlos,
> Aber doch wirklich. Du beutst mir nur
> Traum der Verdammnis.
> …
> Winkt meiner kranken Seel kein Weg,
> der nicht zur Verdammnis im Hochmut führt?[33]

Wie Simone Weil schreibt, besteht die Schlimmste der Versuchungen, die »einzige Prüfung für den Menschen« »darin, dass er bei der Berührung mit dem Übel sich selbst überlassen bleibt. Dann überzeugt ihn die Erfahrung von der Wahrheit seines Nichts.«[34] Die vierte Versuchung ist daher die, die radikal das Vertrauen unterminiert. Sie ist der

Angriff auf die Grundfesten, die Implosion durch den Nihilismus und den Unglauben. Nichts gilt. Wir können auf nichts vertrauen. Wir können unser Herz nicht an das hängen, was uns bewegt, selbst wenn die Suche nach Gott uns aufrichtig beseelt. »Und können wir denn auf Gott vertrauen?«, flüstert uns der Versucher zu.

Eine der eindrucksvollsten Paraphrasen des Vaterunsers in der gesamten Literatur ist die eines Kellners in einem Café in einer Erzählung von Ernest Hemingway mit dem Titel *Ein sauberes, gutbeleuchtetes Café*. Das Café schließt erst in den frühen Morgenstunden, und es hat zwei Kellner. Während der eine die Gäste praktisch hinaustreibt und nach Hause schickt, hat es der andere nie eilig. Er bekennt: »Ich hab nie Vertrauen gehabt, und ich bin nicht jung. ... Ich bin einer von denen, die gern lange im Café bleiben ... Mit all denen, die nicht ins Bett gehen wollen. Mit all denen, die nachts Licht brauchen.« Und während er die Theke aufräumt, murmelt er: »*Nada* unser, der du bist im *nada*, *nada* sei Dein Name, Dein Reich *nada*, Dein Wille *nada*, wie im *nada* also auch auf *nada*. Unser täglich *nada* gib uns *nada*, und *nada* uns unsere *nada*, wie wir *nadan* unsern *nadan*. *Nada* uns nicht in *nada*, sondern erlöse uns von dem *nada*.«[35]

»Mein Gott, mein Gott, warum hast du mich verlassen?« Jesus sieht sich nicht nur mit dem

Schweigen der Menschen konfrontiert, sondern auch mit dem augenscheinlichen und unüberwindlichen Schweigen Gottes. Das Kreuz ist beunruhigend wie eine unlösbare Aporie. Wir werden dazu aufgerufen, das Geheimnis Gottes und des Menschen in dem vernichtendsten Schweigen zu betrachten, das die Welt je gekannt hat. Mit seinem Tod kam Jesus zu uns herab, um sich allem Schweigen der Welt zu stellen, sogar dem abgründigsten und tiefsten, um das Leben als Möglichkeit des Unendlichen zu verkünden. Er stellte sich dieser Zeit unseres Daseins, eingepfercht zwischen Niederlagen und Hoffnungen, zwischen Versuchungen, Schiffbrüchen und Neuanfängen. Er stellte sich dem Schweigen unserer Sackgassen, dem Schweigen dessen, was in uns oder durch uns ausgeblendet wird; dem Schweigen dieser stets nach irgendetwas lechzenden Unbestimmtheit, die wir sind, zwischen dem »Noch nicht« und dem »Nicht mehr«.

»Mein Gott, mein Gott, warum hast du mich verlassen?« (oder »Mein Gott, mein Gott, wozu hast du mich verlassen?«, wie einige neuere Übersetzungen sagen). Aber sogar hier haben die Worte Jesu einen ganz klaren Adressaten, nämlich Gott selbst. Und die Art und Weise, wie Jesus ihn anruft, indem er ihn »Vater« und »mein Gott« nennt, verleiht dem Dialog eine enge, betende Nähe, macht aus ihm ein Flüstern eines ungebrochenen Vertrauens. Und so schreibt auch die Philosophin Simone Weil: »Nur das Vertrauen verleiht genügende Kraft, dass die Furcht nicht ein Anlass zum Abfall werde.«[36]

»Und führe uns nicht in Versuchung.« Beten wir die Worte langsam, bis sie wirklich zu den unseren werden. Verlass mich nicht, Herr. Verlass mich nicht, wenn die Wände der Zeit zu wanken beginnen und die Worte von heute noch die Härte des Unabänderlichen von gestern haben. Verlass mich nicht, wenn ich zurückweiche, wenn ich mich fast beuge, gebückt und besiegt vom unnachgiebigen Fortschreiten dessen, was mich spaltet. Lass mich nicht allein durch die trüben und weiten Flure der Unsicherheit gehen oder mich im Gefühl von Mattheit und Unglauben verlieren. Lass nicht zu, dass die Streuung der Zeit alles verschlingt. Lass mich nicht in Unglauben gegenüber dem Leben fallen. »Führe mich nicht in Versuchung.«

Die Wunde ist fruchtbar

»Erlöse uns vom Bösen«

Wenn Jesus uns das Vaterunser gibt, ist klar, dass er ein Modell formulieren möchte. Er sagt nicht nur, wie er betet, sondern er lehrt die Jünger zu beten. Er bietet eine Art Musterbeispiel des christlichen Gebets.

Wenn wir dieses Gebet betrachten, sehen wir, dass es keine Beweisführung enthält. Im Vaterunser werden keine Beweise geführt, sondern alles dreht sich um den Vater. Die Anrufung »Vater unser« am Anfang wird eindeutig zum Schlüsselwort. Es ist zwar richtig, dass danach vom Willen des Vaters, vom Namen des Vaters, vom Reich des Vaters gesprochen wird, doch es dreht sich immer alles um die Entdeckung des Vaters. Ja man kann sagen, dass das Vaterunser einfach den Vater bittet, Vater zu sein, und keine Bitten um die Erfüllung von Bedürfnissen oder um die Behebung von Notzuständen enthält. Der, an den sich das Gebet richtet, sein Empfänger, geht daraus als Gegenstand des Gebetes selbst hervor.

Ein anderer wichtiger Aspekt ist, dass das erste Wort »Vater« und das letzte Wort »Bösen« lautet.

Schon allein der rhetorische Aufbau des Gebets sagt uns etwas über das Böse. Wenn es das ist, was im Verhältnis zum Vater am entgegengesetzten Ende steht, im am weitesten entfernten Satz, dann ist also das Böse in gewisser Hinsicht der Anti-Vater. Es ist das, was dem Vater am meisten entgegengesetzt ist.

Im letzten Vers des Vaterunsers sagen wir: »Und erlöse uns von dem Bösen.« Indem wir das so aussprechen, räumen wir ein, dass die Konfrontation mit dem Bösen eine tatsächliche Möglichkeit ist. Doch gleichzeitig bitten wir darum, dass wir nicht vom Weg des Vaters abkommen mögen, dass wir in jedem Augenblick den Vater zu wählen wissen anstatt der Fälschungen, die versuchen, an die Stelle seiner zentralen und strukturgebenden Gestalt zu treten.

Ein Gebet über das Böse auszusprechen ist an sich schon ein Sieg, denn nicht selten endet das Gebet in Ratlosigkeit, an einem Ort, wo Gedanken und Sprache versagen. Ich erinnere mich an den Text der italienischen Schriftstellerin Natalia Ginzburg mit dem Titel *Des Menschen Sohn:*

> Da ist etwas, wovon man sich nicht erholt, und die Jahre werden vergehen, aber wir werden niemals genesen. Selbst wenn wir wieder eine Lampe auf dem Tisch haben und ein Blumen-

väschen und die Bilder unserer Lieben, glauben wir doch an keines dieser Dinge mehr, weil wir sie einmal plötzlich verlassen mussten oder vergeblich unter den Trümmern danach gesucht haben.« Und sie fügt hinzu: »Es gibt keinen Frieden für des Menschen Sohn. Die Füchse und die Wölfe haben ihre Höhlen, aber des Menschen Sohn hat keinen Ort, wo er sein Haupt betten kann.[37]

In der Tat gehören wir einer Generation von Männern und Frauen an, die bezüglich des Bösen nichts hat, worauf sie ihr Herz betten kann.

Ein Regentropfen im Meer

Im jüdischen wie im christlichen Denken gibt es den unzweideutigen Begriff des Schöpfergottes. Alle Versuche – und es gab derer viele –, in der Ordnung der Schöpfung zwei miteinander konkurrierende Prinzipien auszumachen, das Gute und das Böse, Gott und den Teufel, wurden schließlich aufgegeben. Eindeutig ist Gott, und nur Gott, der Schöpfer. Und ebenso eindeutig ist die Schöpfung Gottes gut. Dies wird wie ein Refrain in der Erzählung des 1. Kapitels im Buch Genesis regelmäßig wiederholt: »Gott sah, dass es gut war« – oder in der griechischen Übersetzung der Septuaginta »Gott sah, dass es schön war«. Und nicht nur dort. Im Buch der Weisheit, schon viel näher am Neuen Testament, können wir lesen (11,24–26):

> Denn du liebst alles, was da ist, und verabscheust nichts von dem, was du gemacht hast. Hättest du etwas gehasst, du hättest es nicht geschaffen. Wie hätte etwas Bestand gehabt, wenn du es nicht gewollt, oder wie wäre etwas erhalten worden, wenn es nicht von dir gerufen wäre? Du aber schonst alles, weil es dir gehört, Herr, Freund des Lebens.

Im Denken der biblischen Tradition über die Schöpfung ist Gott der Schöpfer, die Schöpfung ist gut, und Gott liebt das geschaffene Leben. Und man kann die Hauptmerkmale des Lebens, das Gott liebt, nicht mit dem Bösen identifizieren: die kreatürliche Befindlichkeit und die Endlichkeit.

Wir können das berühmte 3. Kapitel des Buches Genesis nicht richtig interpretieren, ohne eine Reihe von Feinheiten zu beachten:

> Die Schlange war listiger als alle Tiere des Feldes, die Gott, der Herr, gemacht hatte. Sie sprach zu der Frau: Hat Gott wirklich gesagt:

Ihr dürft nicht von allen Bäumen des Gartens essen? Die Frau antwortete der Schlange: Von den Früchten der Bäume des Gartens dürfen wir essen. Nur von den Früchten des Baumes, der mitten im Garten steht, hat Gott gesagt: Ihr sollt nicht davon essen und nicht daran rühren, damit ihr nicht sterbt. Darauf sprach die Schlange zu der Frau: Keineswegs, ihr werdet nicht sterben. Vielmehr weiß Gott, dass an dem Tag, da ihr davon esst, euch die Augen aufgehen und ihr sein werdet wie Götter, die Gutes und Böses erkennen. Die Frau sah, dass von dem Baum gut zu essen wäre, er lieblich anzusehen war und es begehrenswert wäre, Einsicht zu gewinnen. Und sie nahm von seiner Frucht und aß und gab davon auch ihrem Mann, der bei ihr war, und er aß. Nun gingen beiden die Augen auf, und sie erkannten, dass sie nackt waren. Deshalb flochten sie Feigenblätter zusammen und machten sich Schurze. (Genesis 3,1–7)

Begleiten wir den Bewusstseinsprozess der Frau, erkennen wir, dass sie im Grunde vom Guten angezogen wird. »Die Frau sah, dass von dem Baum gut zu essen wäre, er lieblich anzusehen war und es begehrenswert wäre, Einsicht zu gewinnen. Und sie nahm von seiner Frucht und aß und gab davon auch ihrem Mann, der bei ihr war, und er aß.« Hätte sie nicht gedacht, dass die Frucht gut wäre, hätte sie nicht davon gegessen und auch nicht ihrem Mann davon gegeben. Wo liegt das Drama in dieser Geschichte? In der Tatsache, dass das Böse in Verbindung mit dem Guten erscheint, dass es so nahe beim Guten liegt. Wir stehen vor dem Baum des Guten *und* des Bösen. Der Mensch funktioniert zuverlässiger in Gegensatzkategorien – etwas ist entweder gut oder böse –, doch dieser seltsame mythologische Baum vereint in sich beide Extreme. Es sind dieselben, die auch in uns wohnen.

Der Rabbiner und Kabbala-Kommentator Vladimir Soloviev schreibt: »Die beiden Stimmen, die Gottes, die wir nicht bei Namen nennen sollen, und die des Bösen, des unnennbaren Bösen, sind sich erschreckend ähnlich. Der Unterschied zwischen der einen und der anderen ist das Geräusch eines Regentropfens, der ins Meer fällt.« Die Frau wird von etwas Gutem angezogen, jedoch von einem Guten, das zu beschränkt ist und das sie aus dem Horizont des absolut Guten, des übergeordneten Guten herauslöst. Für sie ist es etwas Gutes, doch der Vergleich mit der Aussage »Gott sah, dass es gut war« wird tragisch. Gott sieht das Gute der Dinge an sich, die Frau bewertet dieses Gute in Bezug auf sich. Sie sieht das Gute zu subjektiv, und indem es sich gegenüber dem umfassenderen

Guten verselbstständigt, wird es zur Ursache der Erfahrung des Bösen, zur Ursache der eigentlichen Verfehlung. Nur ein Regentröpfchen unterscheidet die Suche nach dem Guten bei dieser Frau und die Erfahrung des Bösen, in das sie fällt. Doch dieses winzige Tröpfchen kann die Dimensionen eines Weltmeeres annehmen!

»Doch du kannst das Böse besiegen«

In der dramatischen Geschiche von Kain und Abel wird uns gesagt, dass das ethische Ziel, die Idee der Brüderlichkeit, kein Gesetz des Blutes ist, denn das Blut kann sich gegen das eigene Blut wenden. Brüder können sich umbringen. Doch die Brüderlichkeit ist nach wie vor eine bewusste Entscheidung und ein erreichbares Ziel für den Menschen. Er ist nicht zum Bösen verdammt.

Bemerkenswert ist der Dialog, den Gott im 4. Kapitel des Buches Genesis mit Kain führt:

> Nach geraumer Zeit geschah es nun, dass Kain von den Früchten des Feldes dem Herrn ein Opfer darbrachte. Auch Abel brachte ein Opfer dar von den Erstlingen seiner Herde, und zwar von den Fettstücken. Der Herr schaute gnädig auf Abel und sein Opfer. Auf

> Kain und sein Opfer aber schaute er nicht. Deshalb wurde Kain sehr zornig und senkte seinen Blick. Da sprach der Herr zu Kain: Warum bist du zornig und senkst den Blick? Wenn du recht handelst, erhebst du dann nicht das Haupt? Wenn du aber nicht recht handelst, steht dann nicht die Sünde an der Tür, ein lauerndes Tier, das nach dir verlangt und das du beherrschen sollst/kannst (*timschel*)? (Genesis 4,3–7)

John Steinbecks wunderschöner Roman *Jenseits von Eden* greift dieses Wort Gottes an Kain auf: *timschel* – du sollst/kannst. Das Ende des ersten Teils des Romans entwickelt eine talmudische Diskussion über den Sinn dieses Ausdrucks. Das hebräische Verb »timshel« wird in den geläufigen Bibelübersetzungen durch »du sollst« übersetzt, doch John Steinbeck geht von der rabbinischen Argumentation aus und ist für die Lesart »du kannst«. Er entwickelt diesen Gedanken auf mehreren außergewöhnlichen Seiten. Zu dem Menschen, der mit dem Bösen konfrontiert wird und derart aufgebracht ist, dass er dazu bereit ist, den eigenen Bruder zu töten, sagt Gott nicht: »Ich werde dir die Freiheit nehmen, ich beschneide dich so, dass das nicht geschen kann.« Vielmehr stellt er fest: »Doch du kannst das Böse besiegen.«

Das Gute und das Böse sind nichts Unvermeidliches, sondern stellen ethische Entscheidungen dar. Wir werden mit keinem Moralkodex konfrontiert, sondern stehen mitten in der Dynamik einer narrativen Moral. Wir fragen uns: »Wie kann der aufgebrachte Kain Abel nicht töten, bei seinem tödlichen Neid, seinem Ärger, wo doch alle seine Erstgeborenenrechte durch die scheinbar willkürliche Vorliebe Gottes infrage gestellt werden?« Dies alles gibt ihm tatsächlich recht, doch das Rechthaben berechtigt ihn nicht dazu, seinen Bruder auszulöschen, denn Gott stellt überraschend fest: »Du kannst *(timschel)* über dem Bösen stehen.«

Aus dem Bösen etwas Gutes ziehen

Im Buch Genesis gibt es noch eine Geschichte, eine Reihe von kleinen Erzählungen rund um eine Hauptfigur, nämlich Josef von Ägypten. Josef bietet uns ein eloquentes Zeugnis der ethischen Entwicklung als Weg des Widerstands gegen das Böse, er, der von seinen Brüdern in einer Zisterne zurückgelassen und danach an die Midianiter verkauft wurde, von denen er nach Ägypten mitgenommen wurde. Nach einem bewegten Leben sieht er sich letzlich zum Gebieter über ganz Ägypten erhoben. Beim Wiedersehen mit den Brüdern ist er es, der sie rettet, denn er ist in der Lage, ihnen das Leben zu geben. Der Schluss der Geschichte Josefs stellt klar: »Ihr hattet zwar Böses gegen mich im Sinn, Gott aber wandte es zum Guten, um das zu vollenden, was heute offenbar ist: ein großes Volk am Leben zu halten« (Genesis 50,20).

In dieser knappen Aussage ist ein ganzes Programm enthalten. Ohne das Böse zu leugnen, eröffnet sich die Möglichkeit, dass daraus das Gute entsteht. Der Kampf gegen das Böse ist möglich, und er beinhaltet die letztendliche und unerwartete Bestätigung des göttlichen Plans. Als alles in einem vernichtenden und unabänderlichen Kreislauf vom Bösen beherrscht zu sein scheint, wählt Josef die Liebe und die Vergebung.

Wie kommt es dazu, dass das Böse nicht mehr unabänderlich ist? Dadurch, dass wir einen Standort außerhalb seiner (eine Transzendenz) erreichen und eine Situation des Bösen in eine Chance zu etwas ganz anderem umwandeln: in eine Theophanie der Liebe.

Ich möchte hier an eine Stelle in dem beeindruckenden Tagebuch von Etty Hillesum erinnern, einem der großen spirituellen Zeugnisse unserer Zeit:

> Wie kommt es nur, dass ein mit Stacheldraht umzäuntes Heidegelände, in dem so viele Schicksale, so viel menschliches Leid an- und hindurchgespült wurden, in meiner Erinnerung beinahe lieblich erscheint? Wie kommt es, dass mein Geist dort nicht düster, sondern vielmehr erhellt und erleuchtet wurde? … Und dort, in den Baracken voll aufgeregter und verfolgter Menschen habe ich die Bestätigung für meine Liebe zum Leben gefunden. … Wie soll ich das alles irgendwann beschreiben? So beschreiben, dass andere Menschen nachfühlen können, wie schön und lebenswert und gerecht, ja, gerecht, das Leben im Grunde ist. Vielleicht gibt Gott mir einst dafür die einfachen Wörter?[38]

Es ist kein Zufall, dass der überwiegende Teil der Gestalten aus der Bibel und der christlichen Tradition (denken wir nur an die Biografien so vieler Heiliger) »herausragende« Persönlichkeiten sind, die nicht vollständig mit der Gegenwart in Einklang stehen: Sie erleben Zeit und die Dekonstruktion von Zeit, das Warten und die Heraufkunft von etwas Neuem. In diesem Sinne sind sie Grenzgänger. Die christliche Überzeugung liegt tatsächlich hier: Sie spricht unermüdlich für die Möglichkeit der Hoffnung. Sie glaubt, dass die Wandlung im

Geiste geschehen kann, geschehen wird, verheißen ist, dass sie bevorsteht und dass wir schon in diesem Feuerkreis, an dieser Schwelle stehen.

Die Augen öffnen

In Bezug auf das Böse gibt es so vieles, was wir nicht kennen, was wir nicht erklären können, was niemand erklären kann. Aber haben wir denn Erklärungen für das Gute? Ist es denn nicht ebenso ein Rätsel oder sogar ein noch größeres Rätsel? Schauen wir einmal in das Buch Hiob. Dort gibt es jenen entscheidenden Augenblick, wo Gott Hiob dazu auffordert, sich zu gürten und aufzustehen, weil er ihn befragen will. Und tatsächlich ist das eine fantastische Gelegenheit: Hiob hat lauter Argumente in einem offensichtlich gerechtfertigten Aufbegehren gegen Gott und hört nun: »Gürte deine Lenden wie ein Mann! Ich will dich fragen, du belehre mich!« (Ijob 40,7). Und Gott sagt ihm etwas völlig Überraschendes: »Sieh doch das Nilpferd neben dir! … Die Knochen sind wie erzgegossene Röhren, und sein Gebein gleicht Eisenstangen. Der Erstling ist es unter Gottes Werken« (Ijob 40,15.18–19).

Dies ist eine Lehrweise, die Gott hiermit einführt. Indem er Hiob sagt, dass er das Nilpferd betrachten soll, öffnet ihm Gott die Augen (unseren Blick), öffnet sie für alles, was groß und unermesslich ist, für alles, was uns entzogen ist, und zeigt ihm: Wenn das Böse keine Antwort hat, so hat sie das Gute noch weniger. Das wunderbare Werk des Schöpfers hat auch keine Antwort. Liebe, Erstaunen, Lachen, Tag, Freude und Tanz gibt es ohne ein Warum. Warum also machen wir alles von einer Antwort auf das Böse abhängig, wenn das Gute ebenso geheimnisvoll ist, und noch unendlich geheimnisvoller?

»Schau allem Großen ins Auge« – das ist die Herausforderung Gottes für Hiob, seine Herausforderung an uns. Darauf antwortet Hiob dem Herrn: »So sprach ich im Unverstand von dem, was mir zu wunderbar und unbegreiflich war. … Vom Hörensagen nur hab' ich von dir gewusst; jetzt aber hat mein Auge dich geschaut« (Ijob 40,3–5). Er hatte von Gott gehört, doch jetzt hat er Gott geschaut. Er hat das Mysterium des Schöpfers gesehen, hat der Unendlichkeit ins Auge geschaut. Es gibt eine Stille, die der Anfang der Verwandlung des Lebens ist.

So paradox es erscheinen mag, aber die Erfahrung des Bösen wirft uns zurück auf eine Liebe, und zwar eine geschenkte Liebe, die umsonst, aber nicht vergebens ist. Die Erfahrung des Bösen bewirkt gleichsam eine radikale Läuterung von einem Streben nach Vergeltung, von jeglichem Wunsch nach Belohnung und öffnet uns der Unentgeltlichkeit einer Beziehung. So lernen wir, Gott um seiner selbst willen zu lieben, um dessentwillen, was er ist, und nicht um dessentwillen, was er uns gibt. In dem erstaunlichen Gebet von Mutter Teresa von Kalkutta lernen wir Gott zu danken für das, was er uns nimmt.

»… sondern erlöse uns von dem Bösen.« Es ist merkwürdig, dass das Verb erlösen, griechisch *rhysein,* bei Matthäus zweimal erscheint: an dieser Stelle des Vaterunsers (Matthäus 6,13) und als Jesus am Kreuz hängt, also mitten in der Erfahrung des Bösen. Hier beobachten ihn die Oberen und Beamten und spotten: »Er hat auf Gott vertraut; der soll ihn jetzt retten *(rhysastho)*, wenn er Gefallen an ihm hat« (Matthäus 27,43). Die Tatsache, dass dieser Ausdruck im Evangelium an diesen beiden Stellen erscheint, hat natürlich seine Bedeutung. Es ist so, als wäre das Mysterium des Kreuzes die Konkretisierung dessen, was wir im Gebet des

Vaterunsers erbitten, wenn wir sagen: »Erlöse uns von dem Bösen.«

Scheinbar – und trotz seines Gebets – erlöst Gott Jesus nicht. Die Zuschauer verspotten ihn, da sie das Schweigen Gottes erleben. Der Vater wird seinen Sohn (und alle seine Kinder) vom Bösen erlösen, doch jener Moment, in dem der Spott über ihn ausgeschüttet wird, ist ein geheimnisvoller, rätselhafter Moment, in dem der Glaube aufgehoben zu sein scheint oder besiegt durch einen Abgrund des Schweigens. Wir wissen, dass das Kreuz direkt in die Erfahrung von Ostern mündet, einen Übergang in die Auferstehung darstellt. Doch wir können nicht vergessen, dass uns Jesus in ein Vertrauen zum Vater eingeweiht hat, das vor allem ein Weg ist: ein geduldiges Lernen mit dem Ziel, dass unser Herz hoffnungsvoll das miteinander vereinbaren kann, was wir so oft für unvereinbar halten: den Aufschrei und das Gebet.

Wagen wir zu sprechen …

Verschiedene Fassungen des Vaterunsers

Das Vaterunser des Chaldäischen Breviers

Vater unser,
der du unsichtbar im Himmel bist,
geheiligt werde in uns dein Name
denn in deinem Heiligen Geist
hast du uns selbst geheiligt.

Dein Reich komme zu uns,
das Reich – denen versprochen, die deine Liebe lieben.
Deine Kraft und deine Güte liegen auf deinen Dienern,
hier im Mysterium und dort in deiner Barmherzigkeit.

Vom unerschöpflichen Tisch
gib uns Brot in unserer Bedürftigkeit
und gewähre uns den Nachlass unserer Schuld,
denn du kennst unsere Schwachheit.

Wir bitten dich:
Rette deine Schöpfung

und erlöse sie vom Bösen, das sucht,
wen es verschlingen kann.
Denn dein ist das Reich und die Kraft und die
Herrlichkeit, o Herr.

Und entziehe den Heiligen deine Güte nicht!

(vom Autor bearbeitete Fassung)

Das Vaterunser Dantes[39]

Oh Vater unser, der Du bist im Himmel,
umschlossen nicht, durch freie Liebe nah
den ersten Werken Deiner Schöpfung droben,
geheiligt sei Dein Nam und Deine Kraft
von jeglichem Geschöpf, wie sich's gebührt,
dass alle Deinem Lebenshauche danken.

Dein Reich komme zu uns mit seinem Frieden,
wir können nicht durch eigne Kraft zu ihm
mit all unsrem Verstand, wenn's uns nicht wird.
Dein Will geschehe bei den Engeln, die
Hosianna singend Dir den ihren opfern,
so wie auf Erden soll die Menschheit tun.

Gib heut uns unser täglich Himmelsbrot;
wenn es uns fehlt in dieser rauhen Wüste,
gehn wir zurück, je mehr wir vorwärtsstreben.

Wie wir verzeihen unsern Peinigern,
was wir gelitten, so vergib auch Du
in Güte uns und nicht nach Wert und Schuld.

Führ unsre Kräfte, die so leicht erliegen,
nicht in Versuchung durch den alten Feind,
erlöse uns von ihm, der uns bedrängt.

(Die göttliche Komödie, Fegefeuer, 11. Gesang)

Ein lateinamerikanisches Vaterunser

Vater unser, der du bist im Himmel
Mit den Schwalben und den Marschflugkörpern
Ich will, dass du wiederkommst, bevor du vergisst
Wie man in den Süden von Rio Grande kommt
...
Wo auch immer du sein magst
Geheiligt werde dein Name
Und nicht wer deinen Namen heiligt
Und die Augen schließt, um nicht die Nägel zu sehen
Unter denen der Dreck des Elends klebt
...
Dein Reich komme
Denn dein Reich ist auch hier unten
Mitten unter Groll und Angst
In Wankelmut und Müll

Enttäuschung und Müdigkeit
In dem Drang dich zu sehen, koste es, was es wolle
…
Dein Wille vermischt sich mit meinem
Beherrscht ihn, entzündet ihn, verdoppelt ihn
Brennender noch zu wissen, was mein Wille ist
Wenn ich wirklich glaube, was ich zu glauben sage
Wie in deiner Allgegenwart
Also auch in meiner Einsamkeit
…
Gestern hast du uns genommen
Gib uns heute
Gib uns das Recht, uns unser Brot zu geben
Nicht nur das, was ein Symbol war für etwas
Sondern das aus Krume und Kruste
Unser Brot
…
Und nimm unsere Schulden von uns, wenn du kannst
Aber nimm nicht die Hoffnung von uns
…
Und lass uns nicht in Versuchung fallen
…
Entreiße unserer Seele den letzten Bettler
Und erlöse uns von allem bösen Gewissen.
Amen.

(Adaptierung eines Gedichts von Mario Benedetti)

Anmerkungen

Trotz intensiver Recherche ist es nicht gelungen, alle etwaigen Rechteinhaber ausfindig zu machen. Für Hinweise sind wir dankbar.

1 Jacques Prévert, *Pater noster.*

2 Sophia de Mello de Breyner Andresen, *O Silêncio*, in: *Histórias da Terra e do Mar*, Lissabon 1984.

3 *Das denkende Herz. Die Tagebücher von Etty Hillesum 1941–1943*, Rowohlt 1985 u. ö., 157.

4 Anton Čechov (Tschechow), *Gram*, in: *Gespräch eines Betrunkenen mit einem nüchternen Teufel. Erzählungen 1886*, Zürich 1976

5 Rainer Maria Rilke, Brief an Franz Xaver Kappus vom 17. Februar 1903.

6 Vgl. Tertullian, *Über das Gebet* (De oratione) 1,6.

7 Simone Weil, *Das Unglück und die Gottesliebe*, München 1953, 248.

8 Franz Kafka, *Brief an den Vater*, Frankfurt am Main 1999, 5.

9 Meister Eckehart, *Deutsche Predigten und Traktate*, München 1955, 214 (Predigt 12: *Qui audit me*).

10 Marcel Proust, *Tage des Lesens* © Suhrkamp Verlag Frankfurt am Main 1963, 39–41.

11 Cyprian, *Über das Gebet des Herrn* (*De dominica oratione*), 8.

12 Aus: Charles Péguy, *Le Mystère de la Charité de Jeanne d'Arc.* Dt.: Das Mysterium der Erbarmung, Wien – München 1954, 41.

13 Simone Weil, *Das Unglück und die Gottesliebe* (vgl. Anm. 7), 235 und 208.

14 Origenes, *Über das Gebet* (*Peri euches / De oratione*), 23.

15 Angelus Silesius (Johann Scheffler), *Cherubinischer Wandersmann*, I, 82.

16 Eugénio de Andrade, *Stilleben mit Früchten* © Carl Hanser Verlag, München 1997, 111.

17 Charles Péguy, *Das Tor zum Geheimnis der Hoffnung*, Einsiedeln 1980, 169.

18 Angelus Silesius, *Cherubinischer Wandersmann* (vgl. Anm. 15), I, 199.

19 Vgl. Mutter Teresa, *Komm, sei mein Licht*, München 2007, 199.

20 F. M. Dostojewskij, *Die Brüder Karamasow.* Aus dem Russischen von Hans Ruoff und Richard Hoffmann, Artemis und Winkler 2007, S. 335f © Schwabenverlag Ostfildern.

21 Benedikt XVI., Apostolische Reise nach Polen, Ansprache im Konzentrationslager Auschwitz-Birkenau am 28. Mai 2006.

22 Sophia de Mello Breyner Andresen, *Retrato de Mónica*, in: *Contos Exemplares*, Lissabon 1962.

23 Vgl. Zweites Vatikanisches Konzil, Dogmatische Konstitution über die Kirche *Lumen Gentium*, 5.

24 Cyprian, *Über das Gebet des Herrn* (*De dominica oratione*), 12.

25 Simone Weil, *Das Unglück und die Gottesliebe* (vgl. Anm. 7), 236–237.

26 Walt Whitman, *Grashalme*, Reinbek 1956, 56 (*Gesang von mir selbst*, 31).

27 Pierre Teilhard de Chardin, *Lobgesang des Alls*, Walter Verlag Olten 1964, 13–16 © Schwabenverlag Ostfildern.

28 Zum Beispiel portugiesisch *companhia*, spanisch *compañía*, französisch *compagnie*, italienisch *compagnia* usw. – von lateinisch *con* (mit) und *panis* (Brot).

29 Vgl. *Zwölfapostellehre* 9,4.

30 Charles Péguy, *Das Tor zum Geheimnis der Hoffnung* (vgl. Anm. 17), 5.

31 Angelus Silesius, *Cherubinischer Wandersmann* (vgl. Anm. 15), IV, 21.

32 Raymond Carver, *Kathedrale*, © Berlin Verlag, Berlin 2001, 114–115.

33 T. S. Eliot, *Die Dramen*, Frankfurt am Main 1966, 45 und 48 (*Mord im Dom*, Erster Teil).

34 Simone Weil, *Das Unglück und die Gottesliebe* (vgl. Anm. 7), 246.

35 Ernest Hemingway, *Gesammelte Werke*, Bd. 7 (*Stories 2. Die fünfte Kolonne*), Reinbek 1977, 16.

36 Simone Weil, *Das Unglück und die Gottesliebe* (vgl. Anm. 7), 246.

37 Natalia Ginzburg, *Die kleinen Tugenden*, Berlin 2001, 65 und 67.

38 *Das denkende Herz. Die Tagebücher von Etty Hillesum 1941–1943* (vgl. Anm. 3), 181–182.

39 Dante Alighieri, *Die göttliche Komödie*, übersetzt von Karl Vossler, Berlin 1941 u. ö. © Gütersloher Verlagshaus, Gütersloh, in der Verlagsgruppe Random House, München.

José Tolentino Mendonça

Die Kunst, zur eigenen Mitte zu finden

Glaube und Persönlichkeit

Aus dem Portugiesischen von Irene Johna d'Aguiar

160 Seiten, Klappenbroschur

ISBN 978-3-451-32534-2

Durch die Evangelien zieht sich wie ein roter Faden das Motiv des Suchens und Findens. José Tolentino Mendonça, Dichter und Theologe, nimmt diesen Faden auf und zeigt: Die Suche nach der Mitte des Glaubens führt auch zur Mitte des eigenen Lebens. Eine Einladung zu einem neuen Kennenlernen des Christentums und zu einer persönlichen Spiritualität.

HERDER